l'Afrique
Occidentale
Française

Jean Kerhor

Librairie LAROSE, Paris Vᵉ

l'Afrique Occidentale Française

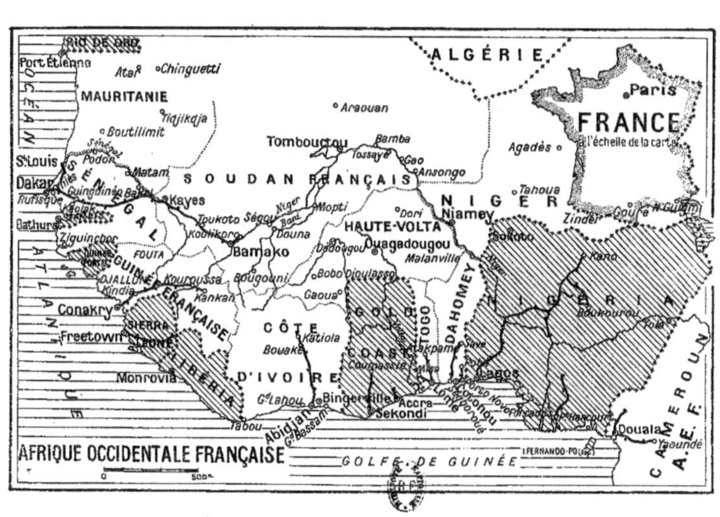

RIO DE ORO
Port Étienne
Atar
Chinguetti
ALGÉRIE
MAURITANIE
Tidjikdja
Araouan
Paris
Boutilimit
FRANCE
Tombouctou
Bamba
à l'échelle de la carte
Sénégal
Tossaye
Agadès
St Louis
Podor
Matam
Gao
SOUDAN FRANÇAIS
Ansongo
Dakar
Guinguinéo Bakel
Kayes
Niger
Mopti
NIGER
Tahoua
Rufisque
Toukoto
Ségou
Bani
Dori
Niamey
Zinder
Goure
N'Guigmi
Bathurst
Koulikoro
Douna
HAUTE-VOLTA
Sokoto
Ziguinchor
SÉNÉGAL
Bamako
Dédougou
Ouagadougou
FOUTA
Bougouni
Malanville
DJALLON
Kouroussa
Bobo Dioulasso
Kano
Kindia
GUINÉE
Kankan
Gaoua
NIGÉRIA
Boukourou
Conakry
FRANÇAISE
CÔTE
GOLD
Yola
SIERRA
Katiola
Freetown
LEONE
Bouaké
COAST
Kpam
Monrovia
LIBÉRIA
D'IVOIRE
Coumassie
TOGO
DAHOMEY
Save
Lagos
Gd Lahou
Bingerville
Accra
CAMEROUN
Tabou
Abidjan
Sekondi
Douala
Gd Bassam
Yaoundé
AFRIQUE OCCIDENTALE FRANÇAISE
GOLFE DE GUINÉE
I. FERNANDO-PO
A. E. F.
OCÉAN ATLANTIQUE
0
500

L'AFRIQUE OCCIDENTALE FRANÇAISE

Parmi toutes nos colonies, l'Afrique Occidentale Française occupe une place privilégiée en raison de deux conditions particulièrement favorables : sa proximité de France, la variété de ses produits.

Si l'on excepte, en effet, les vastes territoires qui constituent l'Afrique du Nord (Algérie, Tunisie, Maroc) et qui, au point de vue administratif, dépendent soit du Ministère de l'Intérieur, soit de celui des Affaires Etrangères, aucune colonie n'est plus rapprochée de France que l'Afrique Occidentale Française ; dans le groupe qui constitue l'ensemble de nos possessions de l'Ouest Africain, le Sénégal n'est éloigné que de huit à dix jours de mer de Bordeaux ou de Marseille, et le Dahomey, la colonie la plus éloignée, d'environ dix-sept jours. Il y a là, au point de vue économique, une situation exceptionnellement bonne puisqu'elle a pour première conséquence de restreindre, dans la plus large mesure, les tarifs des frets ; elle autorise également le transport de certains produits périssables, comme les fruits frais (bananes et ananas). Enfin, cette proximité a permis la création, en 1925, de la première ligne aérienne franco-coloniale, reliant Toulouse à Dakar en trois jours et demi de vol ; cette ligne, qui fait suite à la ligne du Maroc, est ouverte au transport des dépêches postales ainsi qu'au trafic restreint des voyageurs. Grâce à elle, des points réputés autrefois comme difficilement accessibles, Tombouctou par exemple, sont maintenant à moins de quinze jours de France, pendant la période des hautes eaux du Niger. D'ailleurs, pour l'ensemble de cet immense territoire, il n'existe plus pour ainsi dire de région éloignée, grâce aux voies ferrées en exploitation, mesurant actuellement 3.000 kilomètres, et au magnifique réseau de pistes automobilisables, de 35.000 kilomètres, qui sillonnent toute la colonie et notamment la partie soudanaise.

La variété des productions de l'Afrique Occidentaie Française tient à la diversité des climats des différentes colonies qui la composent. Alors que d'autres possessions sont entièrement situées en zone équatoriale, ou entièrement en zone tropicale, l'Ouest Africain français présente cet avantage d'aller de la grande forêt aux régions sahéliennes et désertiques en passant par les différents climats intermédiaires. Cette situation privilégiée lui permet d'exporter en même temps de l'huile de palme, des bois exotiques, du cacao, du caoutchouc et du café, produits essentiellement tropicaux, et des arachides, de la gomme, du coton, du bétail, des peaux, qui ne proviennent que de régions à climat plus sec et à saisons plus marquées.

Une colonie présentant ces conditions favorables devait nécessairement avoir un essor magnifique. Quelques chiffres donneront une idée du développement pris, en vingt années, par l'Afrique Occidentale Française. En 1904, le total du commerce général de la colonie s'élevait à 155.952.303 francs, dont 90.913.422 francs aux importations et 65.038.881 francs aux exportations ; ces dernières ne représentaient donc que 34 % du total. En 1925, le mouvement commercial a été de 2.014.034.214 francs (plus de treize fois celui de 1904), comprenant 1.114.970.591 francs aux importations et 899.063.623 francs aux exportations qui forment donc 44 % de l'ensemble. La balance tend donc à devenir de plus en plus favorable à la colonie ; comment pourrait-il en être autrement lorsqu'on constate, entre 1904 et 1925 et pour les principaux produits exportés, les différences en poids suivantes :

	1904	1925
Arachides................	138.127.231 kg	453.733.098 kg
Amandes de palme........	33.121.152 —	73.309.447 —
Bois d'ébénisterie..........	11.770.694 —	68.039.660 —
Huile de palme...........	14.281.573 —	26.025.341 —

	1904	1925
Gomme arabique..........	1.370.031 kg	4.759.766 kg
Coton...................	67.641 —	2.249.627 —
Cacao..................	980 —	6.300.573 —
Caoutchouc.............	3.919.000 —	1.736.971 —
Laines.................	»	604.652 —
Tabacs	8.263 —	97.109 —

Une telle énumération montre qu'à part le caoutchouc, tous les grands produits de l'Afrique Occidentale Française sont en augmentation considérable ; ces résultats sont dus, en grande partie, à la réalisation d'un vaste plan d'outillage économique, commencé en 1904, qui a permis la mise en valeur de grandes étendues jusque-là inexploitées. Cette œuvre, qui a été poursuivie grâce à une rare continuité de vues, à laquelle il convient de rendre hommage, par les différents Gouverneurs généraux qui se sont succédé à la tête de la colonie, comportait notamment, dans son état primitif, un programme de voies ferrées et d'installations maritimes que l'on peut considérer actuellement comme terminé. Mais, en raison du développement intense pris en ces dernières années par cette possession, de nouvelles mesures s'imposent pour répondre aux besoins d'un mouvement commercial en accroissement constant. Le Gouverneur général actuel de l'Afrique Occidentale Française, M. CARDE, a donc arrêté un nouveau programme de grands travaux qui doit permettre l'évacuation rapide et l'embarquement facile des différents produits du cru ; l'effort se portera principalement, en ce qui concerne les voies ferrées, sur le parachèvement de la ligne de Thiès au Niger et sur le prolongement, vers le Nord, des lignes de la Côte d'Ivoire, en direction des régions peuplées du Soudan et de la Haute-Volta, et du Dahomey vers Gaya, terminus du bief navigable du Niger s'étendant jusqu'à Niamey ; les études d'autres lignes, d'intérêt secondaire, seront également entreprises au Sénégal, en Côte d'Ivoire et au Dahomey, pour drainer respectivement des régions riches en arachides, cacao et palmistes. En même temps, les travaux d'outillage maritime seront poursuivis ; aménagements complémentaires et construction d'ouvrages nouveaux dans le port de Dakar, amélioration de celui de Conakry, construction d'un nouvel appontement en Côte d'Ivoire et jonction de ce wharf au terminus du chemin de fer, à Abidjan ; prolongement du wharf actuel de Cotonou. Une autre tâche, tout aussi importante pour l'avenir économique de la colonie, sera également abordée : celle de la mise en valeur, grâce à l'irrigation, de vastes superficies, particulièrement propres à la culture et notamment à celle du cotonnier, et actuellement en friche parce qu'insuffisamment arrosées. Dans ce but, un plan définitif d'aménagement de la vallée moyenne du Niger a été établi ; il comprend, en substance, la création de deux barrages-réservoirs sur le Niger, un canal d'irrigation de 50 kilomètres de longueur sur la rive droite et un endiguement de 150 kilomètres sur la rive gauche. D'autre part, sur le Sénégal, une usine hydro-électrique, en cours de construction aux chutes du Félou, permettra, lorsqu'elle pourra disposer de toute sa puissance, l'irrigation par pompage des terrains en amont et en aval de Kayes, et contribuera ainsi au développement des cultures dans cette région.

Pour réaliser ce programme, l'Afrique Occidentale Française possède des ressources importantes ; il suffit, pour s'en rendre compte, d'envisager la situation financière du budget général qui supporte la plus grande part des dépenses d'intérêt général, parmi lesquelles figurent, en première place, celles d'outillage et de mise en valeur. Les derniers exercices se sont, en effet, soldés par les excédents suivants :

Budget 1922...................... 10.168.000 fr.
Budget 1923...................... 18.658.000 —
Budget 1924...................... 42.949.000 —
Budget 1925...................... 59.255.000 —

Tous ces excédents sont versés à la caisse de réserve du budget général qui, au 30 juin 1926, possédait un disponible de près de 75 millions.

Grâce à ces réserves, grâce aux ressources normales de chaque exercice qui iront sans cesse en grandissant, puisque le budget général étant alimenté par les recettes douanières, elles suivent la progression du mouvement commercial, le Gouvernement général de l'Afrique Occidentale Française se propose de réaliser, dans les dix années qui vont venir, et sur ses ressources propres, le programme d'outillage économique qui a été esquissé plus haut. Il sera complété par des mesures dont certaines sont déjà en cours d'exécution, ayant pour objet l'amélioration quantitative et qualitative de la production agricole au moyen de stations expérimentales, chargées de sélectionner les meilleures graines d'arachides, de palmier à huile ou de cotonnier et d'en opérer la diffusion, de fermes-écoles, où les indigènes apprendront les méthodes culturales modernes, et enfin par le conditionnement des produits du cru qui doit avoir pour résultat la présentation sur les marchés d'Europe de marchandises de qualité parfaite.

L'ensemble de ces mesures et de ces projets, qui fait le plus grand honneur au Gouverneur général actuel de l'Afrique Occidentale Française, permet d'escompter les plus heureuses perspectives pour l'avenir économique de notre belle colonie de l'Ouest Africain.

Fig. 1. — Palais du Gouvernement à Dakar.

RENSEIGNEMENTS GÉNÉRAUX

SUPERFICIE

POPULATION

LIGNES DE NAVIGATION

TRAFIC MARITIME

VOIES DE COMMUNICATION

POSTES ET TÉLÉGRAPHÉS

ENSEIGNEMENT

ASSISTANCE MÉDICALE

CAPITAUX INVESTIS EN A. O. F.

PORTS DE L'AFRIQUE OCCIDENTALE FRANÇAISE

Les principaux ports sont :

Au Sénégal : Dakar, Rufisque, Kaolack, Foundiougne, Ziguinchor, Saint-Louis.

En Guinée : Conakry.

A la Côte d'Ivoire : Grand-Bassam, Tabou, Sassandra.

Au Dahomey : Cotonou, Ouidah.

MOUVEMENT DES PORTS

TONNAGE EMBARQUÉ ET DÉBARQUÉ

	Sénégal	Guinée	Côte d'Ivoire	Dahomey	Total
1921.......	843.066	49.046	39.527	45.024	976.663
1922.......	870.627	70.965	105.314	62.775	1.109.681
1923.......	991.308	71.123	128.339	73.576	1.264.346
1924.......	1.070.489	73.833	159.942	92.211	1.396.475
1925.......	1.403.239	96.048	169.980	104.423	1.773.690

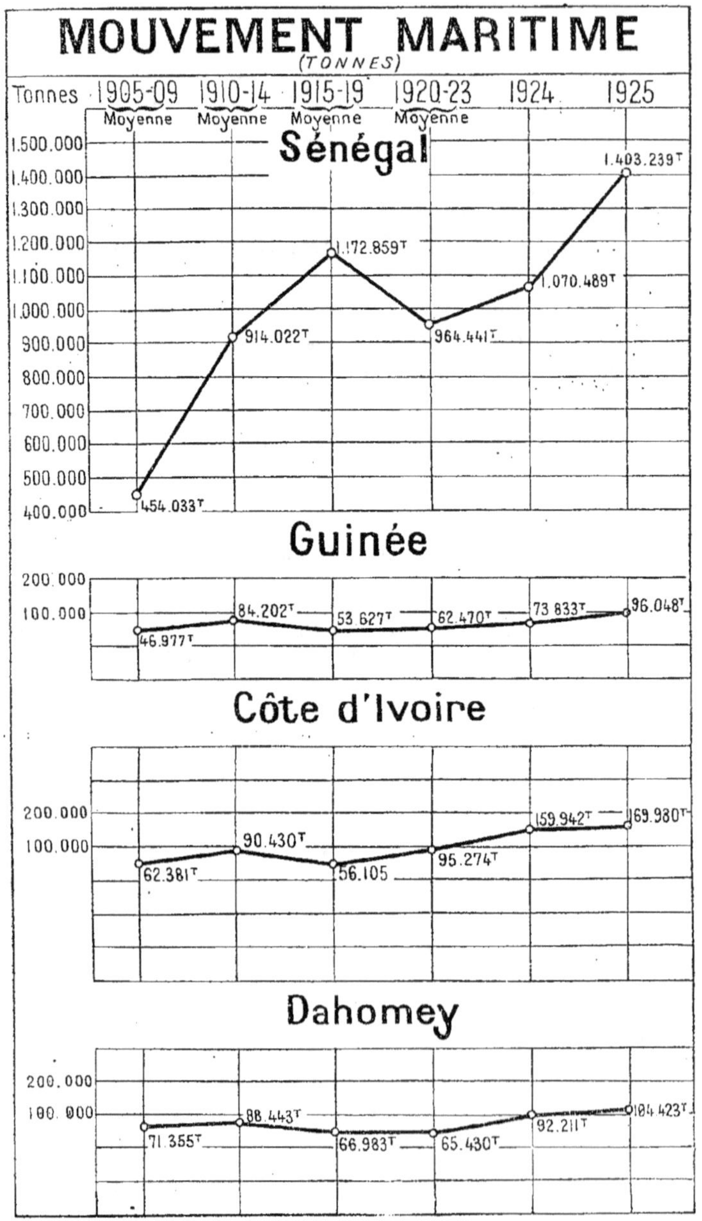

MOUVEMENT MARITIME
(TONNES)
Tonnes 1905-09 1910-14 1915-19 1920-23 1924 1925
Moyenne Moyenne Moyenne Moyenne
Sénégal
1.500.000
1.400.000
1.300.000
1.200.000
1.100.000
1.000.000
900.000
800.000
700.000
600.000
500.000
400.000
454.033T
914.022T
1.172.859T
964.441T
1.070.489T
1.403.239T
Guinée
200.000
100.000
46.977T
84.202T
53.627T
62.470T
73.833T
96.048T
Côte d'Ivoire
200.000
100.000
62.381T
90.430T
56.105T
95.274T
159.942T
169.980T
Dahomey
200.000
100.000
71.355T
88.443T
66.983T
65.430T
92.211T
104.423T

Fig. 2. — Dakar. Le Port.

TRAFIC DES PRINCIPAUX PORTS

MARCHANDISES DÉBARQUÉES ET EMBARQUÉES

DÉSIGNATION		NOMBRE des navires	TONNAGE de jauge	TONNAGE débarqué et embarqué	VALEUR
DAKAR	1922..	3.673	4.749.961	544.741	340.105.257
	1923..	4.117	5.228.663	599.686	502.180.074
	1924..	3.868	5.658.046	677.016	661.157.707
	1925..	4.021	6.086.414	868.252	995.243.930
RUFISQUE	1922..	2.652	841.465	122.139	113.757.297
	1923..	2.668	826.627	111.824	182.271.872
	1924..	2.217	369.130	115.288	179.624.944
	1925..	1.749	375.874	161.627	219.887.521
CONAKRY	1922..	5.898	1.569.800	62.736	85.848.924
	1923..	6.008	1.848.315	63.167	145.404.775
	1924..	5.900	1.742.013	66.362	162.100.235
	1925..	6.142	1.895.058	85.859	228.563.920
GRAND-BASSAM	1922..	673	1.890.132	74.043	61.858.372
	1923..	770	2.371.307	94.883	93.269.830
	1924..	746	2.236.292	109.170	140.079.834
	1925..	823	2.468.089	112.188	161.401.732
COTONOU	1922..	538	1.410.738	56.584	65.763.162
	1923..	611	1.674.650	64.331	88.535.153
	1924..	634	1.800.704	83.116	154.454.656
	1925..	753	2.113.923	94.609	214.208.577
KAOLACK	1922..	374	112.550	36.169	20.563.052
	1923..	1.228	112.459	124.529	76.305.100
	1924..	1.027	53.152	126.107	142.311.901
	1925..	965	48.491	172.391	210.458.535

LIGNES DE NAVIGATION

DESSERVANT L'AFRIQUE OCCIDENTALE FRANÇAISE

	Nombre de voyages annuels
COMPAGNIES FRANÇAISES	—
Chargeurs Réunis (ligne de la côte d'Afrique)	14
Chargeurs Réunis (ligne de l'Amérique du Sud) (1)	24
Chargeurs Réunis (cargos-mixtes)	16
Compagnie de Navigation Sud-Atlantique (1)	13
Société Générale des Transports maritimes à vapeur (1).	36
Compagnie Française de Navigation à vapeur (Cyprien Fabre)	14
Compagnie Marseillaise de Navigation à vapeur (Fraissinet)	14
Compagnie de Navigation Paquet (2)	26
Société navale de l'Ouest	12
Compagnie de Navigation Africaine (Venture Weir)	12
Maurel et Prom	12
Devès et Chaumet	10
Total	203

COMPAGNIES ÉTRANGÈRES

	Nombre de voyages annuels
Compagnie Elder Dempster	166
Compania Transatlantica de Barcelona (3)	12
Woermann Linie, Hamburg-Bremer Afrika Linie et Hamburg-Amerika Linie	70
Bull West Afrika Linie	12
Holland West Afrika Lijn	40
Navigazione Generale Italiana	38
Roma	6
Total	344

RÉCAPITULATION :

Nombre de voyages effectués par les Compagnies françaises	203
Nombre de voyages effectués par les Compagnies étrangères	344
Total	547

(1) Desservant seulement Dakar.
(2)   —   —   Dakar et Rufisque.
(3)   —   —   Dakar.

Fig. 3. — Dakar. Le Port.

Fig. 4. — Saint-Louis. Le pont Faidherbe, passage d'un bateau.

VOIES DE COMMUNICATION

Routes.

2.340 kilomètres d'artères principales avec empierrement et ouvrages définitifs ;

32.000 kilomètres de pistes aménagées en terrain dur avec ponts provisoires en bois, praticables aux automobiles soit toute l'année, soit pendant huit mois environ (saison sèche). Des services réguliers d'automobiles existent dans les colonies de la Haute-Volta, de la Guinée française et du Dahomey.

2.659 automobiles et de nombreuses charrettes sont en circulation.

Voies d'eau navigables.

Environ 4.500 kilomètres.

Services organisés sur les principaux fleuves (Sénégal, Niger) et sur quelques lagunes (Côte d'Ivoire, Dahomey).

Aviation.

L'AFRIQUE OCCIDENTALE FRANÇAISE possède environ 270 terrains d'atterrissage pour avion qui permettent, au Service de l'Aéronautique militaire de la colonie, l'accomplissement de nombreux vols sur les lignes aériennes ci-après :

Dakar-Kayes-Bamako-Mopti-Tombouctou-Gao-Kandy.
Gao-Tessalit.
Bamako - Dédougou - Ouagadougou - Fada - N'Gourma - Niamey.
Dakar-Saint-Louis.
Saint-Louis–Port-Etienne.
Saint-Louis-Dagana-Podor-Boghé-Moudjéria-Aleg-Atar.
Tambacounda-Vélingara-Kolda-Sedhiou-Ziguinchor.
Tambacounda-Kédougou-Labé-Mamou-Kindia-Conakry.
Kayes-Bakel-Matam.
Kayes-Nioro.
Bamako - Siguiri - Kankan - Kouroussa - Bissikrima - Mamou-Conakry.
Bamako-Bougouni-Sikasso-Ferkéssédougou-Séguéla-Bouaké.
Ouagadougou-Boromo-Bobo-Dioulasso-Sikasso.
Ouagadougou-Tenkodogo-Sansanné-Mango-Bassari-Sokodé.

VOIES FERRÉES

VOIES EN EXPLOITATION

1º Voies de 1 mètre :

Sénégal : de Dakar à Saint-Louis, par Thiès..........	263 km.
— : de Guinguinéo à Kaolack...............	22 —
Sénégal-Soudan : de Thiès à Kayes, Médine, Bamako et Koulikoro................................	1.198 —
Guinée française : de Conakry à Kankan.............	662 —
Côte d'Ivoire : d'Abidjan à Niangbo...............	453 —
Dahomey : de Cotonou à Savé et Segboroué..........	293 —
— : de Porto-Novo à Pobé et Sakété..........	80 —
	2.971 km.

2º Voies de 0m,60 :

Soudan : de Ségou au Bani.......................	40 —
— : de San au Bani.......................	10 —
Dahomey : d'Abomey à Bohicon et Zagnanado........	48 —
Total..................	3.069 km.

1894 : 383 km.   1904 : 1.666 km.   1926 : 3.069 km.

VOIES EN CONSTRUCTION OU EN PROJET

1º Voies de 1 mètre :

Côte d'Ivoire et Haute-Volta : du kilomètre 453 à Bobo-Dioulasso...................................	320 km.
Sénégal : de Louga à Linguèré....................	135 —
— : de Guinguinéo à Gassane..............	100 —
Dahomey : de Porto-Novo à Cotonou..............	30 —
— de Savé au Niger....................	450 —

2º Voies de 0m,60 :

Sénégal : ligne de Casamance......................	150 —
Côte d'Ivoire : d'Agboville à Abengourou............	150 —
Dahomey : de Grand-Popo à Locossa...............	48 —
Total...................	1.383 km.

Fig. 5 . — Conakry (Guinée française). Embarquement des produits pour l'Europe.

Fig. 6. — Vapeur des Chargeurs Réunis sur la lagune de Cotonou (Dahomey).

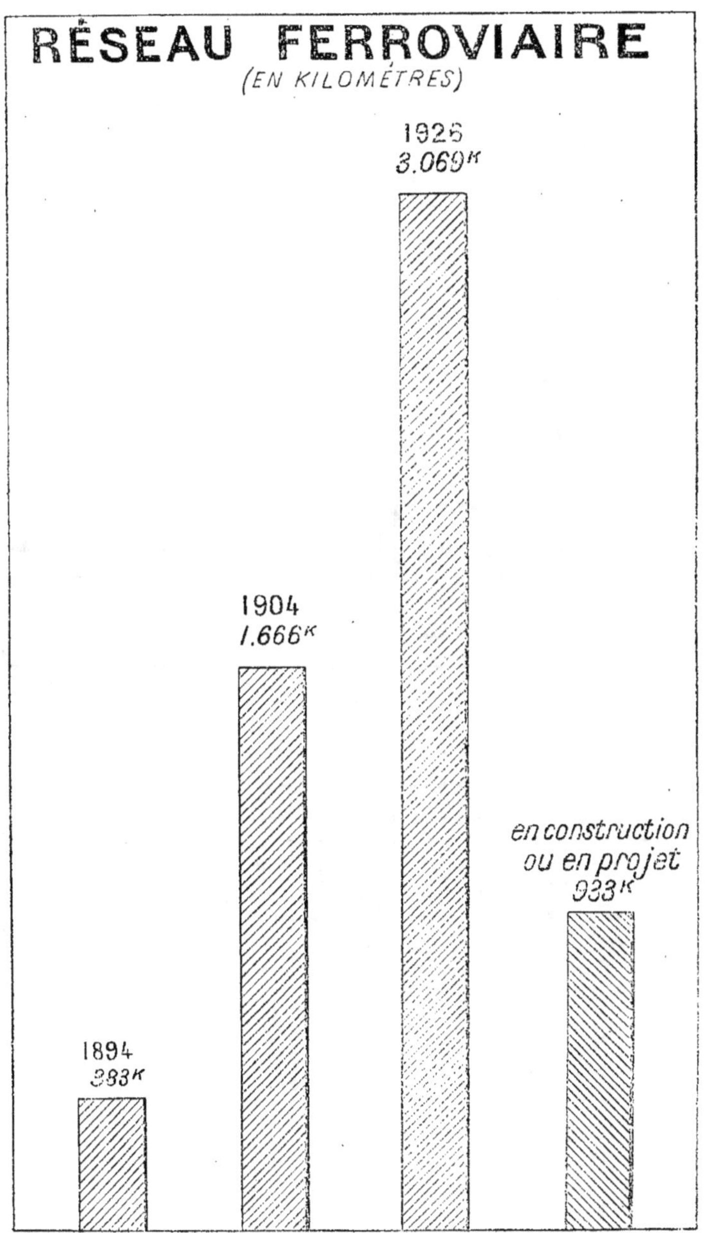
RÉSEAU FERROVIAIRE
(EN KILOMÉTRES)
1926
3.069 K
1904
1.666 K
1894
383 K
en construction
ou en projet
933 K

RÉSULTATS DE L'EXPLOITATION DES CHEMINS DE FER

1º RÉSEAUX APPARTENANT A LA COLONIE

Sénégal. — DE THIÈS A KAYES

PÉRIODE	VOYAGEURS-kilomètres	TONNES kilométriques	RECETTES kilométriques
1913–1917.	12.769.936	6.741.913	4.375[f]
1918–1922.	18.213.440	9.834.632	13.241
1923	30.657.740	10.959.868	21.203

Soudan. — DE KAYES AU NIGER

PÉRIODE	VOYAGEURS-kilomètres	TONNES kilométriques	RECETTES kilométriques
1913–1917.	14.350.302	9.920.004	3.858[f]
1918–1922.	26.978.600	13.048.286	7.712
1923......	32.363.447	15.574.909	10.148

1924. — Chemin de fer de THIÈS à KAYES et au NIGER :
Voyageurs-kilomètres : 79.055.944.
Tonnes kilométriques : 55.743.696.
Recettes kilométriques : 22.496 francs.

Côte d'Ivoire. — D'ABIDJAN à BOUAKÉ et KATIOLA

PÉRIODE	VOYAGEURS-kilomètres	TONNES kilométriques	RECETTES kilométriques
1913–1917.	9.278.859	3.058.596	3.349[f]
1918–1922.	15.747.237	3.671.741	7.070
1923	23.063.807	5.514.166	12.338
1924......	32.685.000	8.892.000	16.420

Guinée française. — De CONAKRY au NIGER

PÉRIODE	VOYAGEURS-kilomètres	TONNES kilométriques	RECETTES kilométriques
1913–1917.	13.717.397	7.923.980	4.279[f]
1918–1922.	17.163.231	10.746.061	6.417
1923......	10.192.988	13.179.733	9.056
1924......	16.362.000	12.005.000	9.161

Fig. 7. — Route de Kindia à la Santa (Guinée française). Construction d'un pont.

Dahomey. — Chemin de fer de l'Est-Dahoméen

PÉRIODE	VOYAGEURS-kilomètres	TONNES kilométriques	RECETTES kilométriques
1913–1917.	2.769.908	3.758.700	2.582 f
1918–1922.	2.470.164	5.003.510	4.240
1923......	3.286.315	6.969.370	8.263
1924......	4.459.000	6.378.000	9.134

2º RÉSEAUX CONCÉDÉS A DES COMPAGNIES PRIVÉES

Sénégal. — De Dakar à Saint-Louis

PÉRIODE	VOYAGEURS-kilomètres	TONNES kilométriques	RECETTES kilométriques
1913–1917.	28.935.535	15.007.308	15.004
1918–1922.	31.548.059	19.848.593	40.606
1923......	33.781.853	19.820.586	63.388
1924......	39.235.000	21.129.000	77.857

Dahomey. — Central-Dahoméen

PÉRIODE	VOYAGEURS-kilomètres	TONNES kilométriques	RECETTES kilométriques
1913–1917.	8.293.265	2.412.238	3.353 f
1918–1922.	14.225.676	3.259.278	6.950
1923......	15.949.630	4.247.380	10.198
1924......	15.250.000	4.247.000	7.788

POSTES ET TÉLÉGRAPHES

L'AFRIQUE OCCIDENTALE FRANÇAISE comprend 8 offices postaux et télégraphiques distincts, à raison de un par colonie.

Le Service postal et télégraphique est assuré par 277 bureaux, dont 30 participent exclusivement au Service postal.

RÉPARTITION DES BUREAUX

Sénégal	59
Guinée française	37
Côte d'Ivoire	51
Dahomey	30
Soudan français	58
Mauritanie	13
Niger	16
Haute-Volta	13
Total	277

Il existe une ligne postale aérienne de Toulouse à Dakar par Casablanca.

Le réseau télégraphique comprend 23.278 kilomètres de fil.

Le réseau radiotélégraphique comporte les stations suivantes actuellement en service :

Port-Etienne, Dakar, Rufisque, Conakry, Monrovia, Tabou, Bassam, Cotonou, Bamako, Tombouctou, Atar, Chinguetti, Kidal, Zinder, Bilma, Agadez, Araouan.

La station puissante de Bamako est en communication directe, dans les deux sens, avec la Métropole.

Fig. 8. — Pont sur la route de l'Ouest (Dahomey). Tablier en ciment armé.

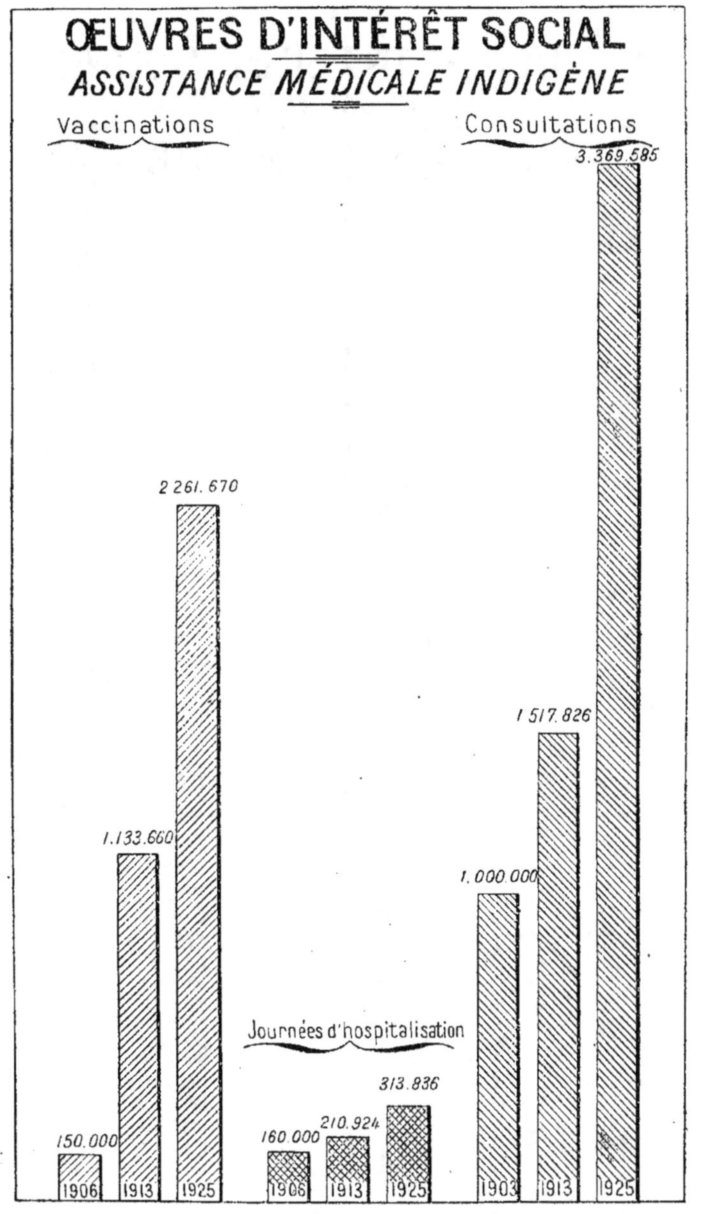

ŒUVRES D'INTÉRÊT SOCIAL
ASSISTANCE MÉDICALE INDIGÈNE
Vaccinations
Consultations
3.369.585
2 261.670
1 517.826
1.133.660
1.000.000
Journées d'hospitalisation
313.836
210.924
150.000
160.000
1906
1913
1925
1906
1913
1925
1903
1913
1925

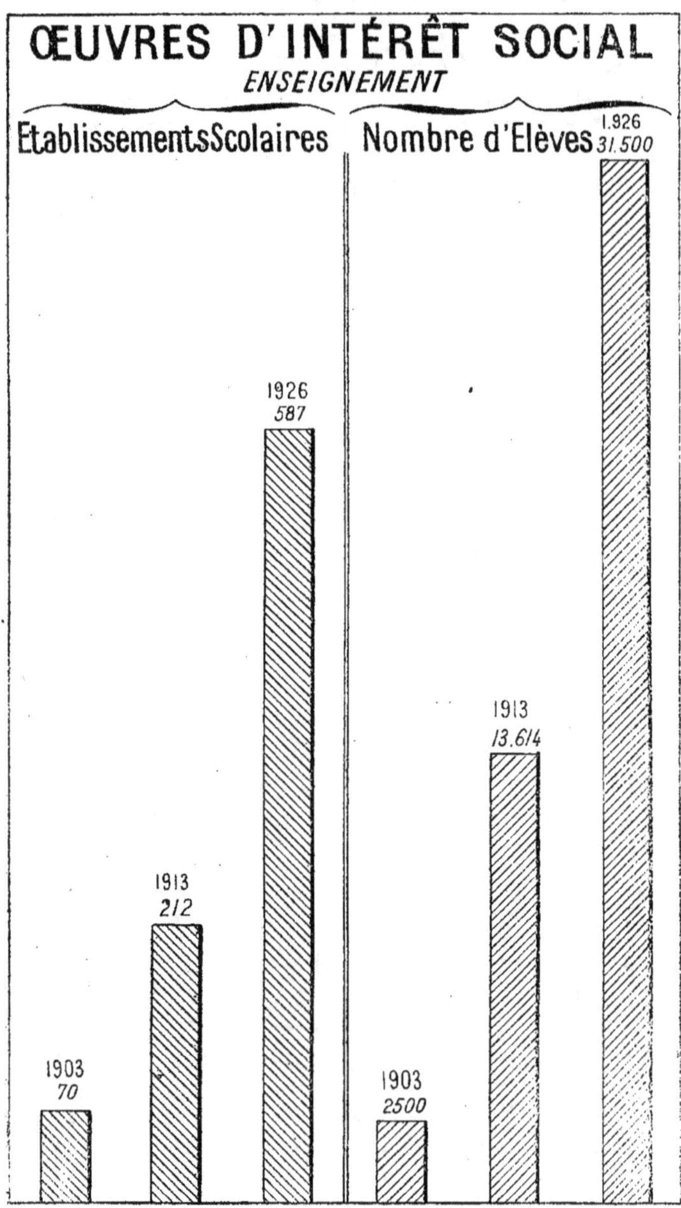
ŒUVRES D'INTÉRÊT SOCIAL
ENSEIGNEMENT
EtablissementsScolaires
Nombre d'Elèves
1.926
31.500
1926
587
1913
13.614
1913
212
1903
2500
1903
70

Fig. 9. — Chemin de fer de Guinée. Paysage au kilomètre 156, descente de la Santa.

CAPITAUX INVESTIS
EN AFRIQUE OCCIDENTALE FRANÇAISE
AU 1er JANVIER 1926

1º Emprunts du Gouvernement général de l'Afrique Occidentale Française :

Loi du 5 juillet 1903.....   65 millions autorisés   65 millions émis
Loi du 22 janvier 1907...   100 millions autorisés 100 millions émis
Loi du 18 février 1910...   14 millions autorisés   14 millions émis
Loi du 23 décembre 1913.   167 millions autorisés 125 millions émis

                Total des émissions........   304 millions

2º Capitaux investis dans les entreprises privées (banques, commerce, industrie, sociétés agricoles, sociétés d'études, de transports, etc.), en ce qui concerne seulement les sociétés anonymes et en commandite (valeur au pair).....   625 millions

                Total général...........   929 millions

Fig. 10. — Conakry (Guinée française). École Régionale.

Fig. 11. — Ouidah (Dahomey). Vue prise du clocher. Côté Ouest.

LE COMMERCE GÉNÉRAL

DE

DE L'AFRIQUE OCCIDENTALE FRANÇAISE

RÉGIME DOUANIER
DE L'AFRIQUE OCCIDENTALE FRANÇAISE

L'Afrique Occidentale Française fait partie des territoires dans lesquels le tarif douanier métropolitain n'est pas applicable. L'ensemble des colonies de l'Afrique Oceidentale Française constitue une union douanière autonome dans laquelle le mode d'assiette, la quotité et les règles de perception des droits d'entrée et de sortie sur les marchandises sont établis par décrets, en Conseil d'Etat. Le produit de ces droits est attribué au budget général de l'Afrique Occidentale Française.

L'Afrique Occidentale Française est divisée en deux zones distinctes au point de vue douanier. Dans une première zone qui comprend l'ensemble des colonies du groupe, — à l'exception du Dahomey et de la Côte d'Ivoire, — les marchandises de toute origine et de toute provenance acquittent un droit d'importation et les produits étrangers sont, en outre, frappés d'une surtaxe. Dans la deuxième zone, dite zone conventionnelle (Dahomey, Côte d'Ivoire), les produits nationaux ne bénéficient pas d'un régime préférentiel et un droit d'importation seul est uniformément appliqué aux marchandises françaises et étrangères importées. Ces droits d'entrée sont tantôt spécifiques, tantôt *ad valorem*, et des coefficients de majoration qui peuvent varier de 1 à 6 sont appliqués aux droits spécifiques frappant certaines marchandises. Des coefficients de majoration existent également sur les droits de sortie qui frappent un certain nombre de produits à leur exportation de l'Afrique Occidentale Française ; ils varient de 1 à 4.

A l'importation en France, les produits originaires de l'Afrique Occidentale Française sont, en principe, passibles du droit minimum, sauf exemption ou détaxe : exemption totale avec ou sans limitation de quantité, détaxe avec limitation de quantité pour les cacaos, et cafés.

COMMERCE GÉNÉRAL
DE L'AFRIQUE OCCIDENTALE FRANÇAISE

ANNÉES	IMPORTATIONS	EXPORTATIONS	COMMERCE TOTAL
1922	351.508.480ᶠ	311.353.650ᶠ	662.862.130ᶠ
1923	583.357.802	419.004.128	952.361.930
1924	764.370.275	653.740.634	1.418.110.909
1925	1.114.970.591	899.063.623	2.014.034.214

PART DE CHACUNE DES COLONIES EN % DU TOTAL

COLONIES	IMPORTATIONS	EXPORTATIONS	COMMERCE TOTAL
1922			
Sénégal ....) Soudan, Haute-Volta.)	68,4	64,2	66,3
Guinée	8,6	6,8	7,7
Côte d'Ivoire	10,8	15,6	13,2
Dahomey	12,2	13,4	12,8
	100	100	100
1923			
Sénégal ....) Soudan, Haute-Volta.)	66,9	63,3	65,1
Guinée	10,8	8,4	9,6
Côte d'Ivoire	10,5	14,7	12,6
Dahomey	11,8	13,6	12,7
	100	100	100

Fig. 12. — Bamako (Soudan français). Le Marché.

Fig. 13. — Un carrefour à Tombouctou (Soudan français).

1924			
Sénégal ..../ Soudan ....\	69,3	59,8	64,5
Guinée ....|	9,0	5,9	7,5
Côte d'Ivoire ..../ Haute-Volta ....\	10,9	18,9	14,9
Dahomey	10,8	15,4	13,1
	100	100	100
1925			
Sénégal ..../ Soudan...........\	69,6	65,8	67,7
Guinée ....|	9,2	5,9	7,5
Côte d'Ivoire ..../ Haute-Volta ....\	10,9	14,2	12,6
Dahomey	10,3	14,1	12,2
	100	100	100

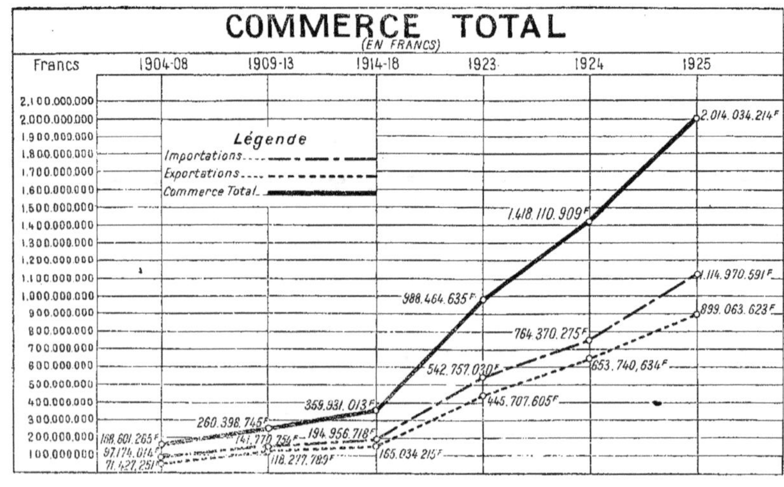

COMMERCE TOTAL
(EN FRANCS)
Francs
1904-08
1909-13
1914-18
1923
1924
1925
Légende
Importations
Exportations
Commerce Total
2.100.000.000
2.000.000.000
1.900.000.000
1.800.000.000
1.700.000.000
1.600.000.000
1.500.000.000
1.400.000.000
1.300.000.000
1.200.000.000
1.100.000.000
1.000.000.000
900.000.000
800.000.000
700.000.000
600.000.000
500.000.000
400.000.000
300.000.000
200.000.000
100.000.000
2.014.034.214 F
1.418.110.909 F
1.114.970.591 F
988.464.635 F
899.063.623 F
764.370.275 F
653.740.634 F
542.757.030 F
445.707.605 F
359.931.013 F
260.398.745 F
194.956.718 F
168.601.265 F
141.770.254 F
165.034.215 F
118.277.789 F
97.174.014 F
71.427.251 F

PART DE LA FRANCE ET DE L'ÉTRANGER
DANS LE COMMERCE
DE L'AFRIQUE OCCIDENTALE FRANÇAISE

ANNÉES	IMPORTATIONS	
	de France et colonies françaises	de l'Etranger
1922	158.744.646ᶠ	192.763.834ᶠ
1923	286.527.713	196.830.089
1924	340.353.128	424.017.147
1925	525.445.121	589.525.470

ANNÉES	EXPORTATIONS	
	sur France et colonies françaises	sur l'Etranger
1922	183.826.817ᶠ	127.526.833ᶠ
1823	249.175.861	169.828.267
1924	401.550.800	252.189.834
1925	527.347.423	372.716.200

PART DE LA FRANCE EN % DE VALEUR

ANNÉES	IMPORTATIONS	EXPORTATIONS
1922	45,1%	59 %
1923	44,3	59,4
1924	44,5	61,4
1925	47,1	62,1

PRINCIPALES IMPORTATIONS

TISSUS DE COTON

Les tissus de coton comprennent les tissus de coton proprement dits et les guinées et similaires.

En 1925, il a été importé, en A. O. F., 7.370 tonnes des premiers et 2.644 tonnes des seconds, soit un total de 10.014 tonnes.

Pour les tissus de coton proprement dits, l'Angleterre a fourni plus des 3/5es des importations et la France moins du quart.

Pour les guinées et similaires, le principal fournisseur est également l'Angleterre (43 % du total), puis vient la Hollande ; la France et l'Inde réunies donnent un peu plus de la moitié des achats en Angleterre. La Belgique fournit moins que l'Inde.

Dans l'ensemble, la part de la Métropole est en augmentation depuis 1921, en raison de la situation des changes.

A l'entrée en Afrique Occidentale Française, les tissus de coton sont soumis à des droits spécifiques variables selon les espèces. Ces droits sont affectés d'un coefficient de majoration fixé à 4 pour le deuxième semestre 1926.

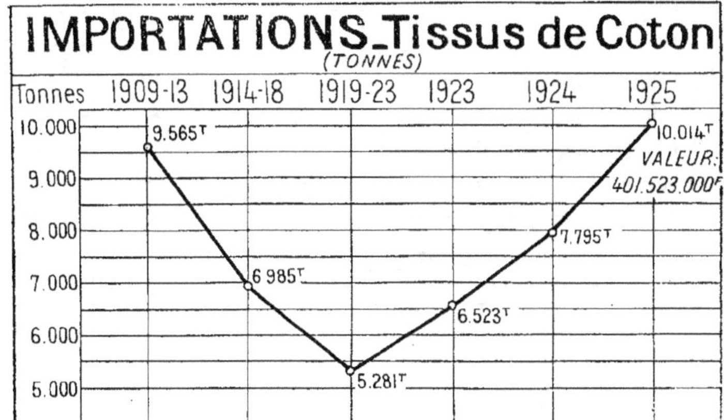

RIZ

L'Afrique Occidentale Française est tributaire de l'extérieur pour cette denrée, dont elle ne produit pas, pour sa propre consommation, des quantités suffisantes.

Depuis quelques années, les importations sont en progression constante, malgré les efforts tentés par certaines de colonies du groupe, comme la Guinée, pour intensifier la production de cette céréale. La cause en est l'extension des surfaces affectées à la culture des produits d'exportation, l'arachide notamment. L'Administration s'efforce de réagir contre cette tendance et d'augmenter les cultures purement vivrières, comme le riz et le mil.

Le riz importé en Afrique Occidentale Française vient principalement d'Indochine, par Marseille.

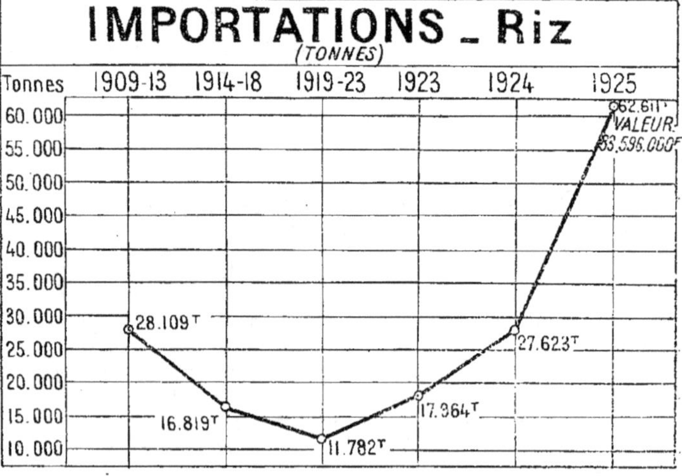

SUCRES

Depuis la fin de la guerre et depuis 1922 notamment, la progression des importations de sucre est continue. Le chiffre de 1925 (14.740 tonnes) est supérieur à celui de 1913, le plus élevé de tous les chiffres d'avant-guerre (11.455 tonnes).

Les principaux pays fournisseurs sont, en 1925, la France et ses colonies, avec 3.900 tonnes ; les Etats-Unis, avec 668 tonnes ; l'Allemagne, avec 561 tonnes ; la Belgique, avec 139 tonnes.

Les colonies de l'Afrique Occidentale Française qui achètent le plus de sucre sont le Sénégal et le Soudan (ensemble 13.564 tonnes en 1925).

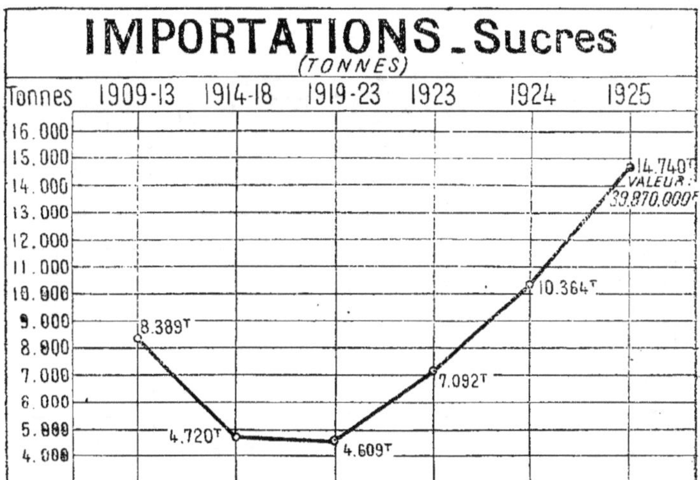

HOUILLES

Les houilles importées en Afrique Occidentale Française sont destinées surtout à l'avitaillement des navires.

Les importations ont atteint, de ce fait, leur point culminant en 1917 (544.261 tonnes), année pendant laquelle le port de DAKAR, par suite du déroutement des navires des lignes d'Extrême-Orient, a reçu un nombre anormal de vapeurs. Depuis 1922, le chiffre est à peu près constant, avec tendance à diminution, en raison de la hausse des prix et de l'emploi du mazout pour la chauffe des navires.

L'Angleterre, en 1925, a fourni 113.357 tonnes ; les Etats-Unis, 57.070 tonnes ; la France, 13.266 tonnes.

Les houilles sont exemptes de droits à l'entrée en Afrique Occidentale Française.

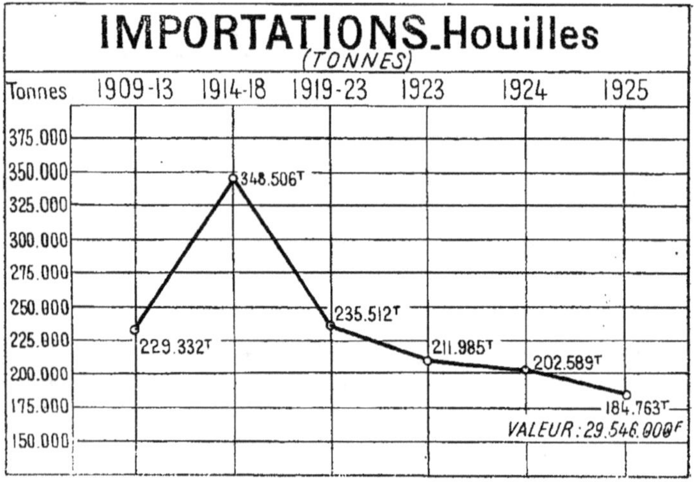

PÉTROLES ET MAZOUT

Avec le développement des transports automobiles, et l'utilisation du mazout pour le chauffage des navires, la consommation des pétroles s'accroît sensiblement. Le chiffre des importations en 1925 (30.337 tonnes), est le plus fort atteint jusqu'à ce jour. Il est sept fois plus fort que la moyenne des importations d'avant-guerre (4.454 tonnes).

Les Etats-Unis sont, pour ainsi dire, les seuls fournisseurs de l'Afrique Occidentale Française, avec 29.002 tonnes. La France vient ensuite avec 924 tonnes, puis la Belgique qui possède avec Anvers un des marchés les plus puissants du pétrole, 231 tonnes.

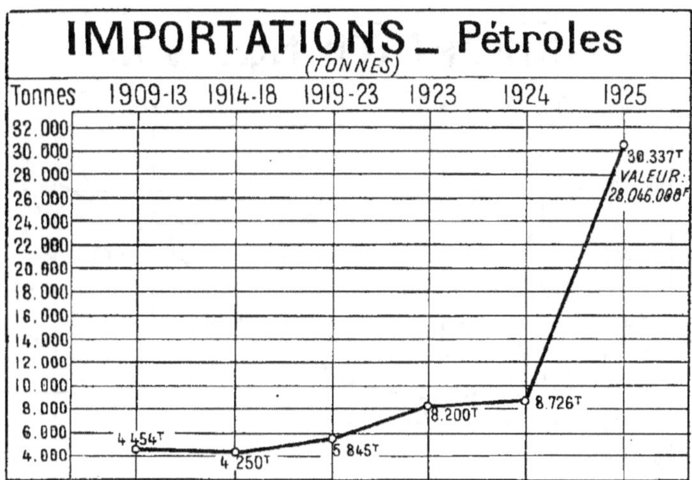

VINS

Alors que les importations de boissons alcooliques ont diminué dans une proportion considérable depuis la guerre, en raison des mesures fiscales et réglementaires prises pour enrayer la consommation des alcools nocifs dits « alcools de traite », les importations de boissons hygiéniques (vins, bières, limonades) suivent, au contraire, une courbe ascendante, et celles des vins, notamment, ont atteint, en 1925, 103.528 hectolitres.

La France a fourni plus de la moitié des importations totales : 56.597 hectolitres ; l'Espagne vient ensuite, avec 30.503 hectolitres, puis le Portugal, avec 17.793 hectolitres.

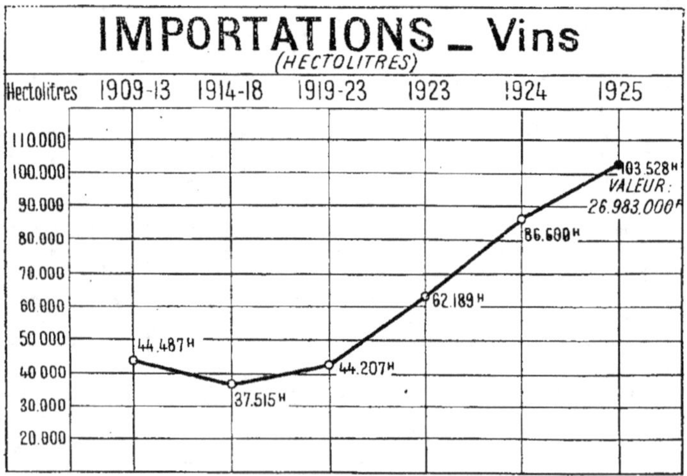

VOITURES AUTOMOBILES

Depuis 1919, il a été introduit, en Afrique Occidentale Française, 3.172 voitures automobiles.

En 1925 seulement, il en a été importé 1.353. Bien que les colonies destinataires de ces voitures ne soient pas nécessairement celles où elles circulent, il est intéressant d'en donner la répartition par colonie d'importation :

Sénégal	2.198
Côte d'Ivoire	486
Dahomey	293
Guinée	142
Soudan	53

La Haute-Volta, où fonctionnent des services réguliers d'automobiles, ne figure pas à ce tableau, ses voitures étant dédouanées en Côte d'Ivoire.

Jusqu'à ces dernières années, les seuls fournisseurs de l'Afrique Occidentale Française étaient les Etats-Unis ; leur part actuelle est inférieure à 50 % et l'industrie française a réussi à concurrencer utilement à cet égard les autres pays. En 1925, il a été importé 698 voitures venant de France, 584 des Etats-Unis, 49 d'Italie, 7 d'Angleterre.

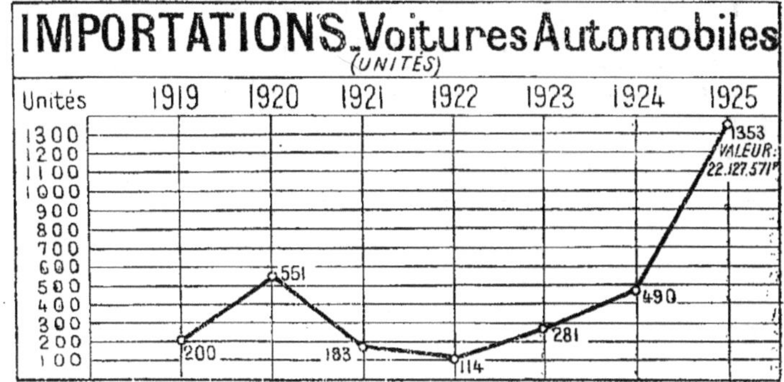

TABACS

Les tabacs sont importés soit en feuilles, soit manufacturés, les premiers étant exclusivement consommés par les indigènes et les seconds principalement destinés à l'usage des Européens. Le chiffre total des importations est loin d'exprimer celui de la consommation locale, car les indigènes pratiquent également ment pour leur usage la culture du tabac, et deux des colonies du groupe, la Guinée et le Dahomey, sont même devenues exportatrices.

En 1925, il a été importé 1.591 tonnes de tabacs en feuilles, provenant en majeure partie des Etats-Unis, et 271 tonnes de tabacs fabriqués, venant surtout de France et d'Algérie.

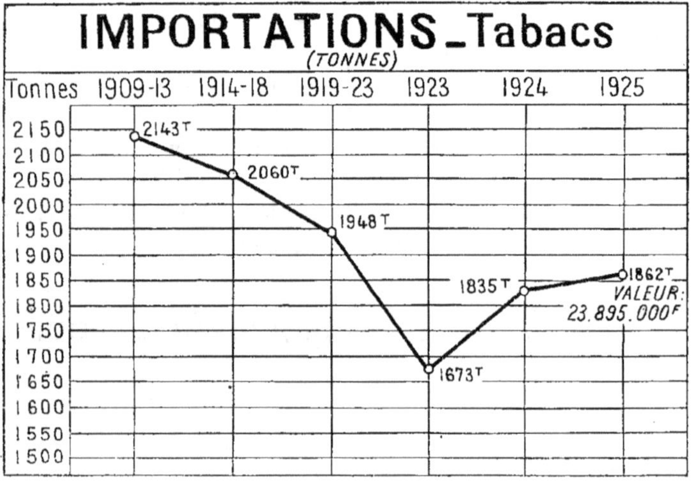

FARINE DE FROMENT

La progression constante des importations de farine de froment est due à l'emploi, qui se répand de plus en plus, du pain dans la nourriture indigène. La quantité importée en 1925 (10.469 tonnes) est la plus forte qui ait été jusqu'ici enregistrée.

Les colonies les plus évoluées du groupe, le Sénégal notamment, sont celles qui reçoivent le plus de farine.

La France fournit la presque totalité des importations du Sénégal et du Soudan ; les Etats-Unis fournissent une certaine quantité de farine dans les colonies du Sud.

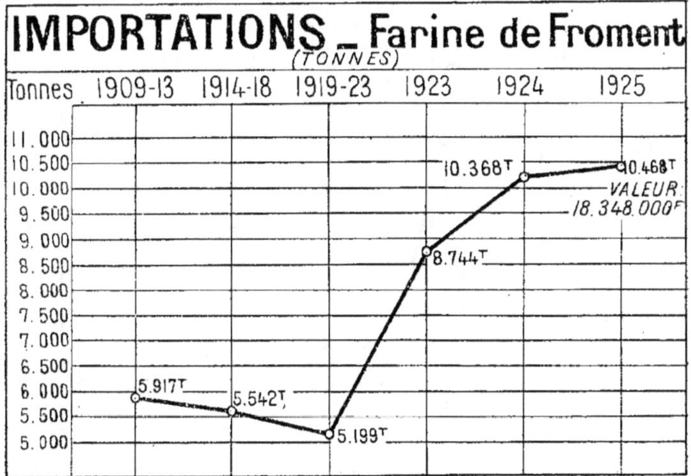

VÊTEMENTS CONFECTIONNÉS

Les vêtements confectionnés comprennent presqu'exclusivement les vêtements d'uniforme des troupes européennes et indigènes, des douaniers et des miliciens, ainsi que des articles de friperie destinés aux indigènes.

Les différentes colonies du groupe se partagent, en quantités sensiblement égales, les articles reçus.

Presque toutes les importations sont de provenance française.

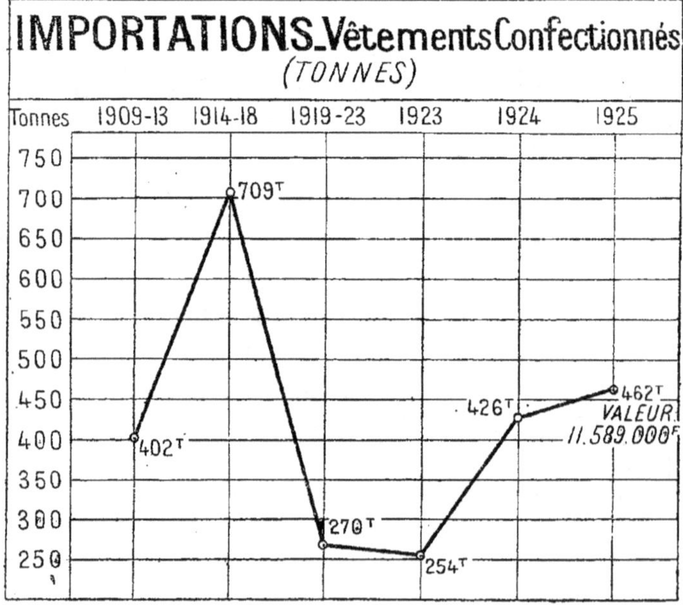

BOIS DE CONSTRUCTION

L'Afrique Occidentale Française, pays gros producteur de bois, exporte principalement des bois d'ébénisterie, mais est toujours tributaire de l'extérieur pour les bois de construction.

Sur le total des importations de 1925 (22.105 stères), le Sénégal a reçu 17.096 stères ; ce chiffre est un indice de l'essor pris dans cette colonie par l'industrie du bâtiment.

Les autres colonies n'ont reçu que des quantités minimes ; la Côte d'Ivoire a cessé presque complètement de s'approvisionner à l'extérieur ; elle se suffit à elle-même et contribue, dans une certaine mesure, à l'approvisionnement des autres colonies du groupe.

La Métropole a fourni, en 1925, plus de la moitié des bois importés en Afrique Occidentale Française : 12.630 stères. Viennent ensuite les Etats-Unis (4.367 stères), les Pays scandinaves (12.511 stères), la Belgique (1.814 stères), l'Allemagne (435 stères).

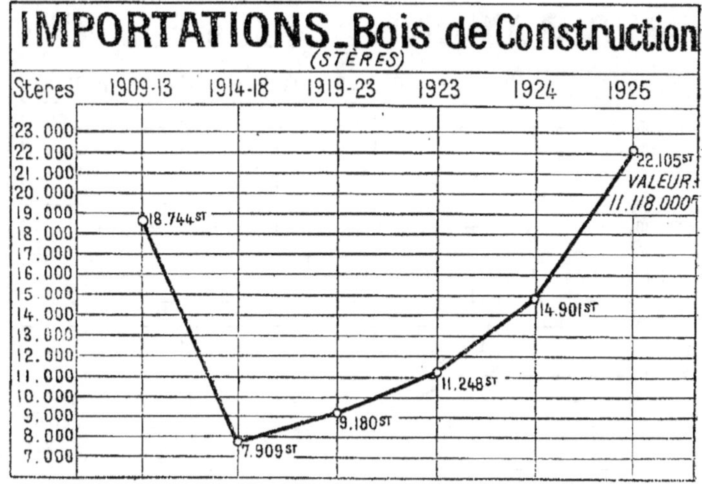

ALCOOLS ET EAUX-DE-VIE

Les mesures énergiques prises par l'Administration pour restreindre la consommation des alcools et eaux-de-vie, et notamment pour interdire l'entrée des alcools dits de traite, ont eu pour conséquence une diminution considérable des importations de ces produits. Le chiffre de 1925 (20.175 hectolitres) dépasse à peine le quart de la moyenne des importations d'avant-guerre (74.854 hectolitres).

Les alcools et eaux-de-vie trouvent leur principal débouché à la Côte d'Ivoire et surtout au Dahomey qui a importé, à lui seul, en 1925, 13.291 hectolitres.

Les alcools étrangers étant prohibés dans les territoires de la zone libre, ne peuvent donc entrer qu'à la Côte d'Ivoire et au Dahomey, où ils se sont assurés une place prééminente ; la Hollande, notamment, y a importé, en 1925, 8.319 hectolitres. Pour l'ensemble de l'Afrique Occidentale Française, la part de la France est de 5.940 hectolitres.

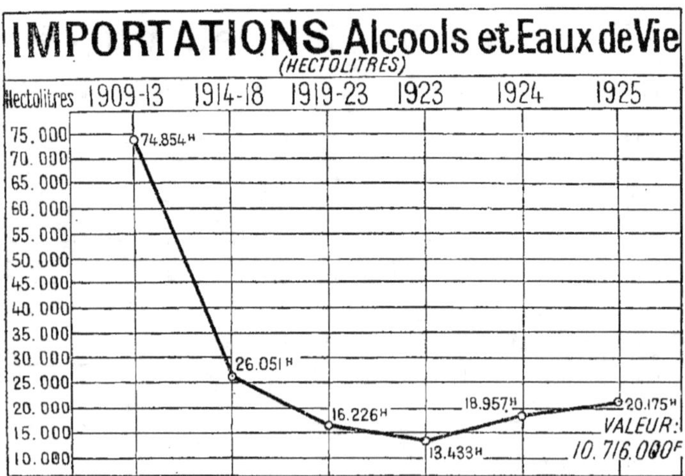

SAVONS

Les importations de savons de toutes sortes s'accroissent depuis 1921 ; en 1925, le chiffre total (2.889 tonnes) est supérieur au maximum atteint avant-guerre (2.511 tonnes).

L'industrie française a regagné, pour cet article, la place qu'elle avait perdue pendant la guerre. En 1919, sa part dans les importations de savons était tombée à 14%, tandis que celles de l'Angleterre étaient de 80% ; actuellement, les importations françaises viennent en tête, avec 2.802 tonnes, et celles anglaises ne sont que de 68 tonnes.

C'est le Sénégal qui consomme la plus grosse part de cet article (1.923 tonnes en 1925).

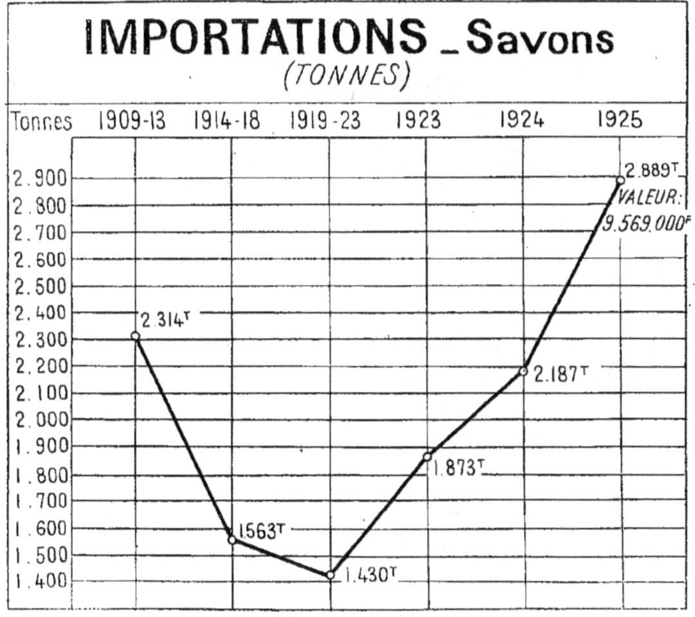

MATÉRIAUX DE CONSTRUCTION

Sous cette rubrique sont totalisés un certain nombre d'articles, tels que briques, tuiles, chaux, ciment. Après la crise de la construction occasionnée par la guerre, l'ensemble des importations de cette catégorie a atteint et même dépassé la moyenne quinquennale d'avant-guerre (39.784 tonnes). Il a été importé, en effet, en 1923 : 35.865 tonnes ; en 1924 : 33.631 tonnes, et en 1925 : 42.435 tonnes de matériaux.

Le Sénégal est le principal importateur ; il a reçu, en 1925, 28.308 tonnes.

La plus grande partie des briques, tuiles, chaux et ciment vient de la Métropole. Une certaine quantité de ciment est reçue de Belgique et d'Italie.

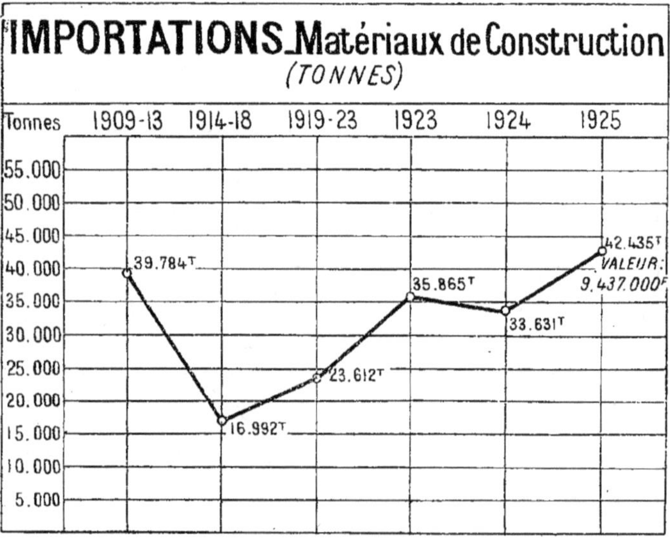

NOIX DE COLAS

Il semble paradoxal que l'Afrique Occidentale Française, qui récolte des noix de colas en Guinée, Côte d'Ivoire et Dahomey, en importe un tonnage assez élevé qui a atteint, en 1925, 908 tonnes. Cela provient de ce que la production des colonies du groupe, qui augmente cependant chaque année et qui a atteint, l'an dernier, 2.626 tonnes, n'est pas encore suffisante pour satisfaire aux besoins des deux colonies, grosses consommatrices de colas, le Sénégal et le Soudan. Ces dernières sont donc obligées de s'approvisionner dans les colonies étrangères voisines, le Sierra-Leone principalement.

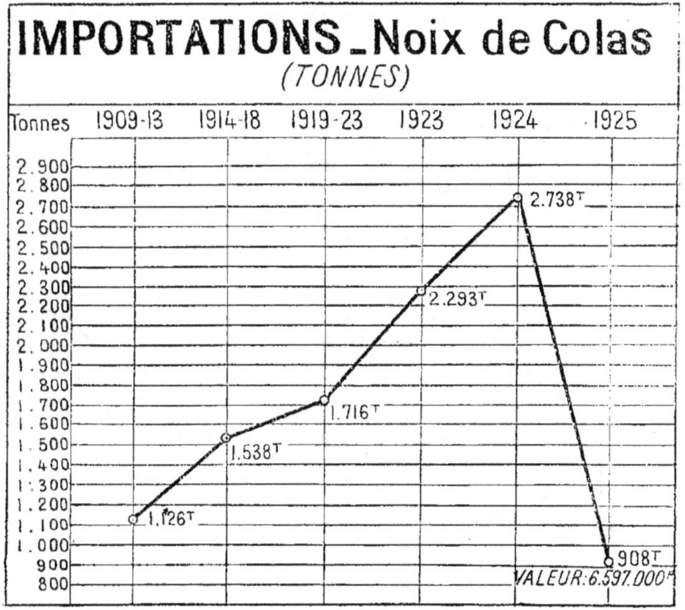

SEL

Les chiffres d'importation de sel en Afrique Occidentale Française sont loin de correspondre à la consommation locale, le Sénégal, le Soudan et le Niger produisant des quantités importantes de sel qui alimentent un trafic intérieur assez actif.

En ce qui concerne le Sénégal et le Soudan, en particulier, la production des salines du Sénégal doit, dans un avenir plus ou moins lointain, assurer la consommation de ces deux colonies ; un tarif exceptionnellement bas a, en effet, été prévu sur le chemin de fer du Thiès-Niger pour le transport du sel destiné au ravitaillement du Soudan. Seules, les colonies du Sud continueront donc à importer du sel de l'extérieur.

La majeure partie des importations de sel provient de la Métropole.

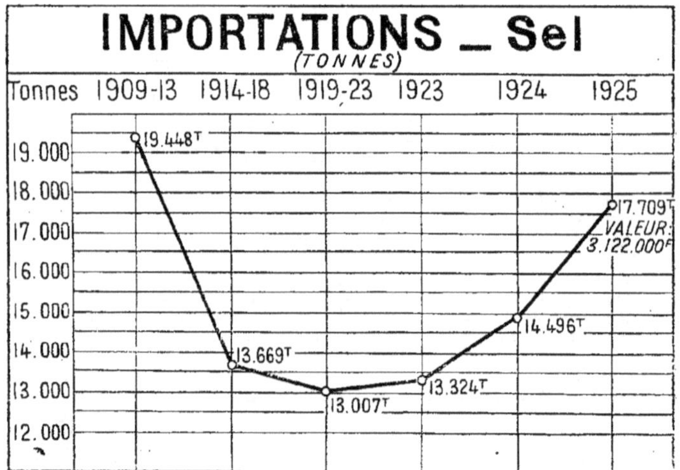

Fig. 14. — Lionne tuée aux environs de N'Gorkou (Soudan).

Fig. 15. — Gazelles (Soudan).

PRINCIPALES EXPORTATIONS

ARACHIDES

Proviennent en presque totalité du Sénégal. Le Soudan et la Guinée française commencent à produire et à exporter des quantités appréciables d'arachides.

En vue de la sélection des semences, une station agricole a été organisée à Bambey (Sénégal).

Les arachides sont utilisées dans la fabrication d'huiles comestibles et de tourteaux. Leur teneur en huile est la suivante :

Arachides en coques : 30%.

Arachides décortiquées : 40%.

A la sortie, les arachides doivent acquitter un droit de 11 francs à la tonne. Ce droit est affecté d'un coefficient de majoration variable (4 pour le deuxième semestre 1926).

A l'entrée en France, les arachides de provenance de l'Afrique Occidentale Française sont admises en franchise.

En 1925, la France a importé du Sénégal 314.337 tonnes.

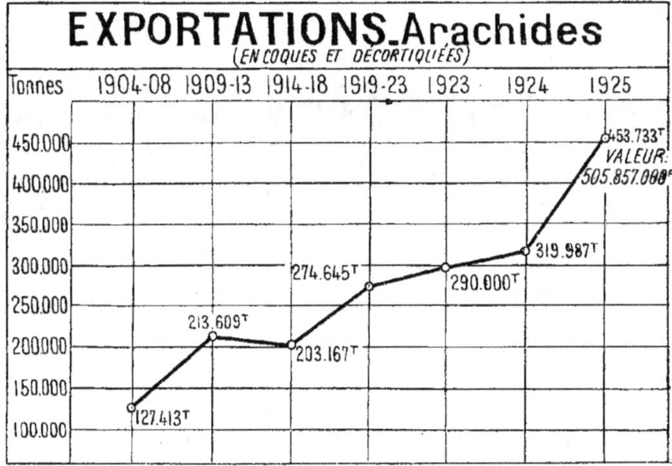

AMANDES DE PALME

(Palmistes)

Proviennent, par ordre d'importance, du Dahomey, de la Côte d'Ivoire, de la Guinée française et du Sénégal (Casamance).

Les stations expérimentales de la Mé (Côte d'Ivoire) et de Pobé (Dahomey) ont été créées en vue de la sélection des palmiers et de l'étude des meilleurs procédés d'extraction d'huile.

Les amandes de palme sont utilisées dans la fabrication de graisses végétales alimentaires, de tourteaux, dans la savonnerie et la stéarinerie. Leur teneur en huile est d'environ 45 %.

A leur sortie, les amandes de palme doivent acquitter un droit de 16 fr. 50 à la tonne. Le coefficient de majoration applicable pour le deuxième semestre 1926 est 4.

A l'entrée en France, les amandes de provenance de l'Afrique Occidentale Française sont admises en franchise.

En 1925, la France a importé 28.373 tonnes de ces graines oléagineuses venant de l'Afrique Occidentale Française.

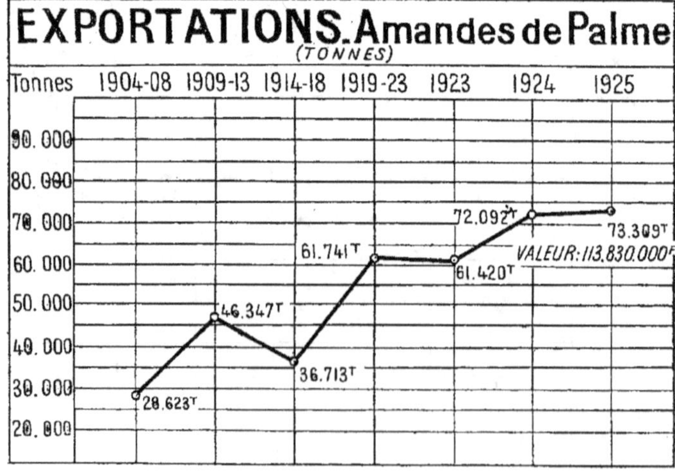

Fig. 16. — Rufisque (Sénégal). Un secco d'arachides en plein air.

Fig. 17. — Palmeraie (Côte d'Ivoire).

Fig. 18. — Éléphant de Haute Volta.

HUILE DE PALME

L'huile de palme est préparée par les indigènes du Dahomey, de la Côte d'Ivoire, de la Guinée et du Sénégal. Quelques huileries européennes sont cependant installées en Côte d'Ivoire.

Le Dahomey produit une huile plus estimée que celle de la Côte d'Ivoire.

Les stations expérimentales de la Mé (Côte d'Ivoire) et de Pobé (Dahomey) ont été créées en vue de rechercher les meilleures variétés de palmiers et de procéder aux essais d'extraction d'huile.

A leur sortie, les huiles de palmes paient une taxe de 33 francs à la tonne. Cette taxe est affectée d'un coefficient de majoration fixé à 4 pour le deuxième semestre 1926.

A leur entrée en France, les huiles de palme de provenance de l'Afrique Occidentale Française sont admises en franchise.

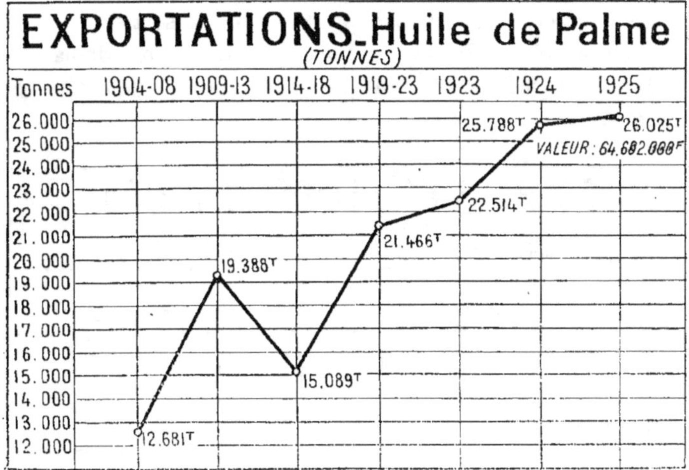

BOIS

Les bois d'ébénisterie et d'œuvre, exportés de l'Afrique Occidentale Française, proviennent en totalité de la Côte d'Ivoire.

Les bois d'ébénisterie les plus utilisés sont l'acajou, le tiama, l'iroko, le niangon, etc.

En 1925, l'Afrique Occidentale Française a exporté 104.676 mètres cubes de bois d'ébénisterie et 28.000 mètres cubes de bois d'œuvre, représentant une valeur approximative de 49 millions de francs.

Ces bois sont achetés par les Etats-Unis, l'Angleterre et la France.

Les acajous et bois d'ébénisterie paient, à leur sortie de la colonie, un droit de 4 francs par tonne brut. Ce droit est perçu après application de coefficient de majoration variable. Pour le deuxième semestre 1926, ce coefficient est 4.

Les bois d'œuvre sont exempts de droit de sortie.

A leur entrée en France, les bois de toute nature originaires de l'Afrique Occidentale Française sont exempts de droits de douane.

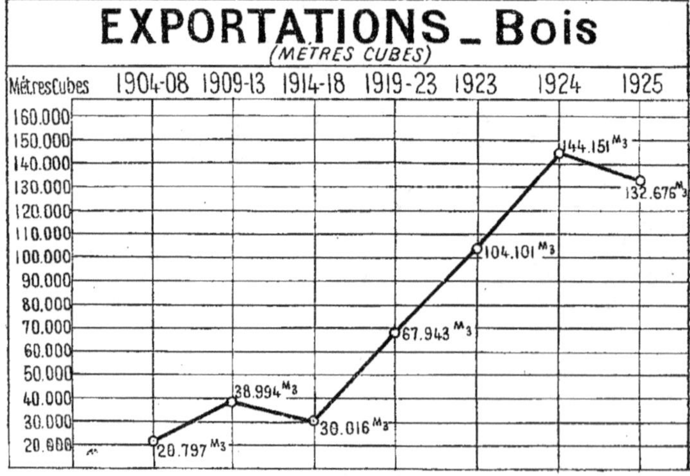

Fig. 19. — Tirage d'une grume d'acajou (Côte d'Ivoire).

Fig. 20. — Tracteur et équipe de travailleurs au pied d'un « Fromager ».
(Côte d'Ivoire).

Fig. 21. — Dépôt de sciage des bois et billes d'acajou (Côte d'Ivoire).

COTON

Toutes les colonies de l'Afrique Occidentale Française récoltent du coton. La production de coton indigène non irrigué va être poussée autant que les possibilités de la main-d'œuvre le permettront, en attendant le résultat des expériences de culture par irrigations.

En 1925, l'Afrique Occidentale Française a exporté 2.249 tonnes de coton, contre 1.741 tonnes en 1924 ; 1.212 en 1923 et 506 en 1922.

Des stations expérimentales et des fermes cotonnières ont été organisées dans les différentes colonies du groupe en vue de la sélection des semences de coton et de la recherche des meilleures méthodes de culture.

Trente-deux usines d'égrenage fonctionnent dans l'ensemble de l'Afrique Occidentale Française.

A la sortie de l'Afrique Occidentale Française, les cotons sont exempts de droits. Ils sont également admis en franchise à leur entrée en France.

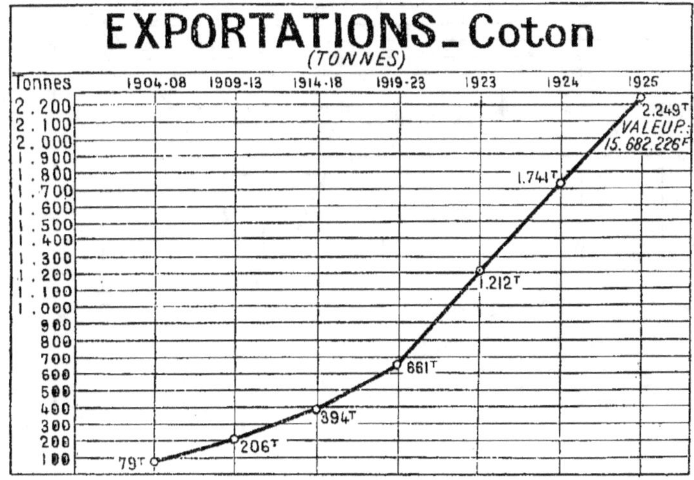

GOMME ARABIQUE

La gomme est produite par l'Acacia Arabica, l'Acacia Sénégal, appelé aussi l'Acacia vereck. Elle est surtout récoltée au Sénégal et en Mauritanie.

La gomme arabique est utilisée dans la droguerie et dans la confiserie.

En 1925, l'Afrique Occidentale Française a exporté 4.759 tonnes de gomme arabique.

A la sortie de l'Afrique Occidentale Française, la gomme arabique est frappée d'un droit de 30 francs aux 1.000 kilogs. Ce droit est affecté d'un coefficient de majoration variable. Pour le deuxième semestre 1926, le coefficient est 3.

A l'entrée en France, la gomme provenant de l'Afrique Occidentale Française est admise en franchise.

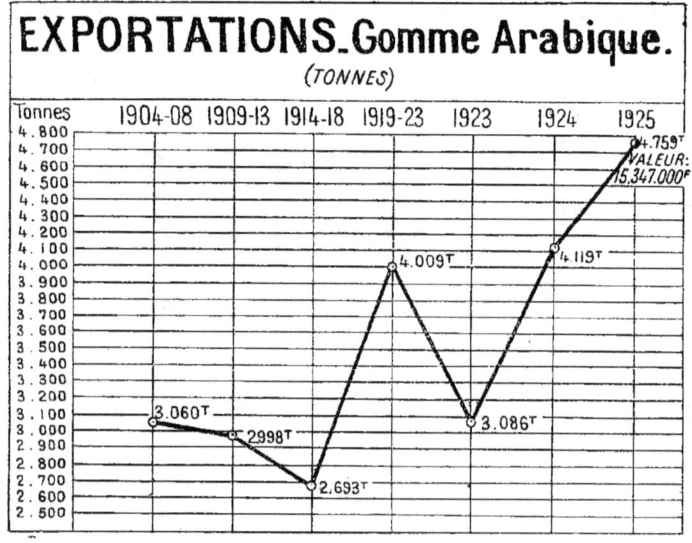

Fig. 22. — Convoi d'ânes apportant un chargement de coton
à Ouagadougou (Haute Volta).

Fig. 23. — Égrenage de coton à Ouagadougou (Haute Volta).

CACAO

Le cacao est surtout cultivé à la Côte d'Ivoire où, grâce aux efforts de l'Administration, les plantations et les quantités récoltées augmentent chaque année d'importance. De quelques tonnes en 1909, — et encore étaient-elles récoltées en partie au Dahomey, — les exportations de l'Afrique Occidentale Française se sont élevées à 3.619 tonnes en 1923, 4.345 tonnes en 1924 et 6.300 tonnes en 1925.

Les cacaos d'Afrique Occidentale Française sont, d'une manière générale, bien préparés et sont estimés à l'égal des sortes de SAN THOMÉ.

Les cacaos sont exempts de droit de sortie.

A l'entrée dans la Métropole, les cacaos de la Côte d'Ivoire et du Dahomey, contingentés annuellement par décret, bénéficient de 50% de détaxe.

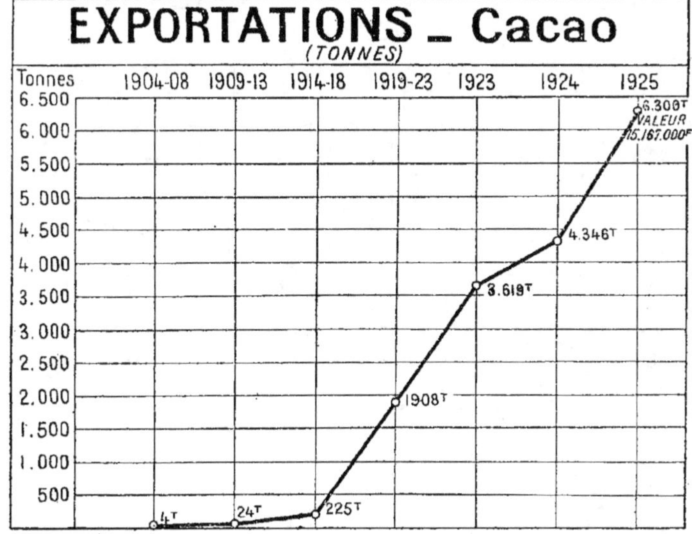

PEAUX DE BŒUFS

Les peaux de bœufs proviennent principalement des colonies du Sénégal, du Soudan et de la Guinée française.

En 1925, l'Afrique Occidentale Française a exporté 2.083 tonnes de peaux de bœufs.

A leur sortie, les peaux de bovidés paient un droit de 10 francs aux 100 kilogs. Ce droit est affecté d'un coefficient de majoration variable fixé à 3 pour le deuxième semestre 1926.

A leur entrée en France, les peaux de bovidés sont admises en franchise lorsqu'elles sont accompagnées d'un certificat d'origine établissant qu'elles proviennent de l'Afrique Occidentale Française.

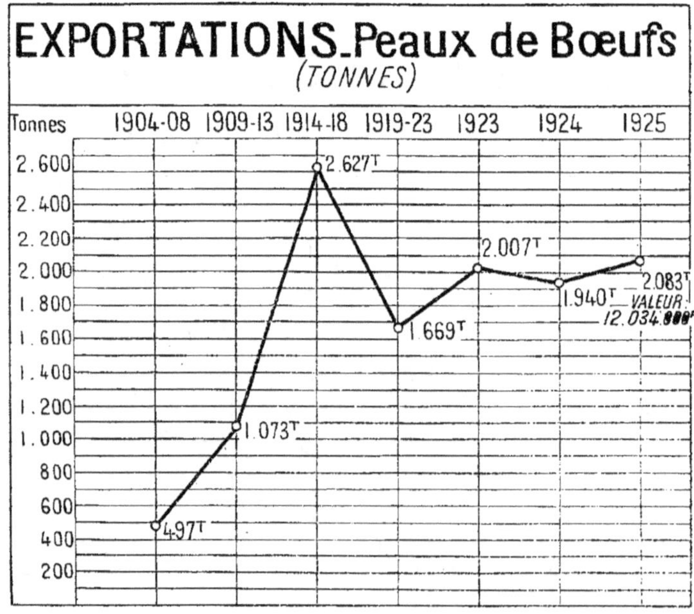

Fig. 24. — Bingerville (Côte d'Ivoire). Station agricole.
Préparation du cacao.

Fig. 25. — Adzopé (Côte d'Ivoire).
Plantation funtumia. Saignée.

Fig. 26. — Bœufs indigènes en Guinée française.

CAOUTCHOUC

Le caoutchouc de l'Afrique Occidentale Française est produit par des lianes du genre « landolphia » (liane gohine) et du genre « clitandra », et enfin par le « funtumia elastica ».

Le « landolphia » est spécial à la zone des savanes ; on le rencontre au Sénégal (Casamance), en Haute Guinée, en Haute Côte d'Ivoire et dans les zones du Soudan et de la Haute-Volta voisines de la Haute Guinée et de la Haute Côte d'Ivoire. Le funtumia est abondant dans la forêt de la Côte d'Ivoire, où l'on rencontre également la liane « clitandra ».

Le commerce du caoutchouc a repris en Afrique Occidentale Française, depuis trois ans, une intéressante activité, à la suite du relèvement des cours. Il en a été exporté 1.737 tonnes en 1925, contre 1.282 en 1924, 1.340 en 1923 et 324 tonnes seulement en 1922.

A la sortie, le caoutchouc est soumis à une taxe de 7 % *ad valorem*. A la mercuriale du deuxième semestre 1926, la valeur du caoutchouc est fixée à 1.600 francs les 100 kilogs demi-bruts.

A leur entrée en France, les caoutchoucs de provenance de l'Afrique Occidentale Française sont admis en franchise.

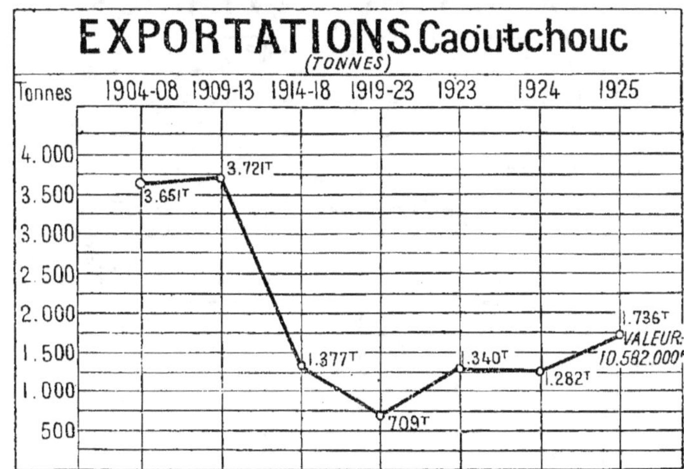

LAINES

Les laines exportées de l'Afrique Occidentale Française sont originaires en totalité du Soudan français et proviennent uniquement des moutons de race indigène. Des essais sont actuellement poursuivis pour acclimater et pour croiser, en Afrique Occidentale Française, des moutons mérinos provenant du Cap et de Sétif. Des troupeaux ont été envoyés dans ce but au Sénégal (lac de Guier), au Soudan (El Oualadji) et en Haute-Volta (Tourcoingbam).

En 1925, l'Afrique Occidentale Française a exporté 604 tonnes de laine.

A leur sortie, ces laines sont soumises à un droit fixé à 6 francs par 100 kilogs. Ce droit est affecté d'un coefficient de majoration variable fixé à 2 pour le deuxième semestre 1926.

A leur entrée en France, les laines en masse non teintes, de provenance des colonies de l'Afrique Occidentale Française, sont admises en franchise.

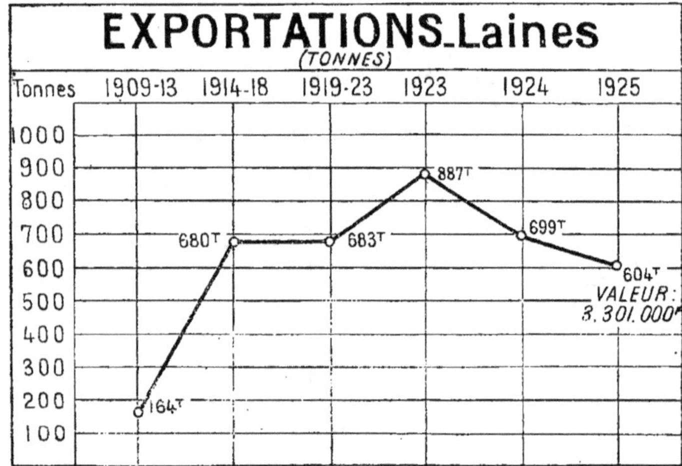

Fig. 27. — Rameau de funtumia élastica.
(Côte d'Ivoire).

KARITÉ

Le karité existe dans presque toutes les colonies de l'Afrique Occidentale Française.

En 1925, il a été exporté 957 tonnes de noix et 1.403 tonnes de beurre préparé par les indigènes, représentant une valeur approximative de 1 million 1/2 de francs.

Le karité peut être utilisé en Europe dans la savonnerie, la stéarinerie et même dans la fabrication de graisses alimentaires.

Les amandes ou noix et le beurre de karité sont assujettis, à leur sortie de l'Afrique Occidentale Française, à une taxe de 5 fr. 50% de leur valeur. Cette dernière a été fixée à 60 francs les 100 kilogs pour les amandes et à 300 francs pour le beurre par les mercuriales du deuxième semestre 1926.

A leur entrée en France, les noix de karité sont exemptes de droit et les beurres sont soumis aux droits ci-après :

1º Epurés (non colorés), c'est-à-dire propre immédiatement à la consommation, ou épurés colorés, ayant l'aspect du beurre et mis en vente sous le nom de margarine : 25 francs aux 100 kilogs bruts.

2º Non épurés : 1 franc par 100 kilogs. Cette taxe est affectée d'un coefficient de majoration variable.

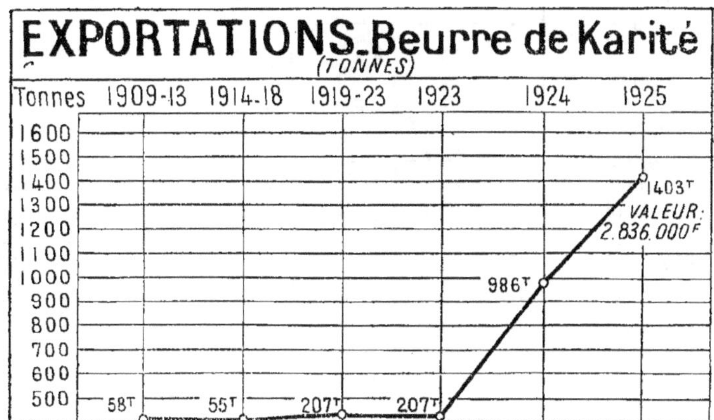

OR

L'or est abondant en Afrique Occidentale Française, mais il est, en général, très disséminé.

Les principales régions où ce métal a été reconnu sont : en Guinée : le Bouré, l'Ouassoulou ; au Soudan et en Haute-Volta : le Bambouk, le Mandingue, le Lobi, l'Ouassoulou, le Gourounsi, le Kippirsi, le Yatenga, le pays Bobo, etc. ; en Côte d'Ivoire : le Sanwi, l'Indénié, le Baoulé, l'Assikasso, la région de Bondoukou, le pays Memné, etc.

La production est très irrégulière ; les exportations ont atteint leur maximum en 1923, avec 797 kilogs. En 1925, il n'en est sorti que 178 kilogs.

L'or est exempt de droit de sortie.

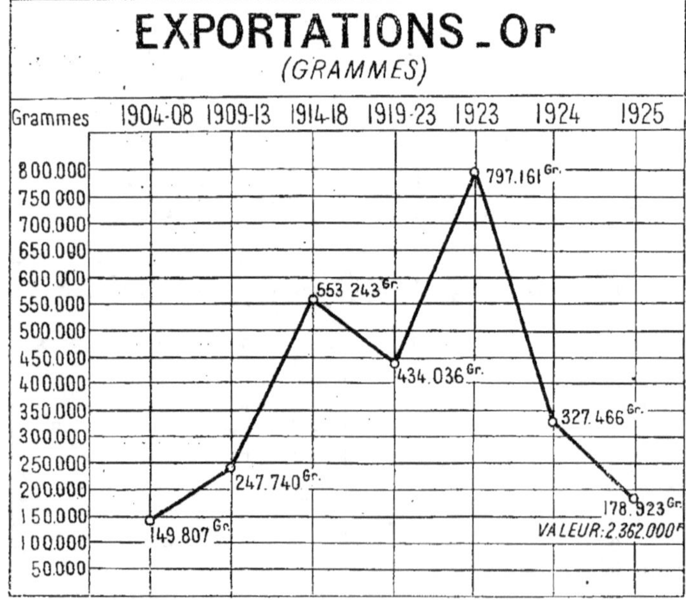

Fig. 28. — Kindia (Guinée française). Plantation de bananiers.

BANANES

Dans presque toutes les colonies de l'Afrique Occidentale Française, les indigènes cultivent les bananiers ; en Guinée française, des plantations de bananiers ont été faites par des colons européens. Actuellement, la production des bananes dans cette colonie est en augmentation constante, malgré les difficultés éprouvées par les planteurs pour exporter leurs fruits (1.190 tonnes en 1925, contre 660 en 1924).

L'Administration s'occupe de la construction d'un entrepôt frigorifique à Conakry, dans lequel les bananes seraient déposées en vue de leur chargement sur des bateaux à cales rafraîchies.

Les bananes sont exemptes de droit de sortie.

A leur entrée dans la Métropole, les bananes fraîches provenant de la Guinée, contingentées annuellement par décret, sont admises en franchise.

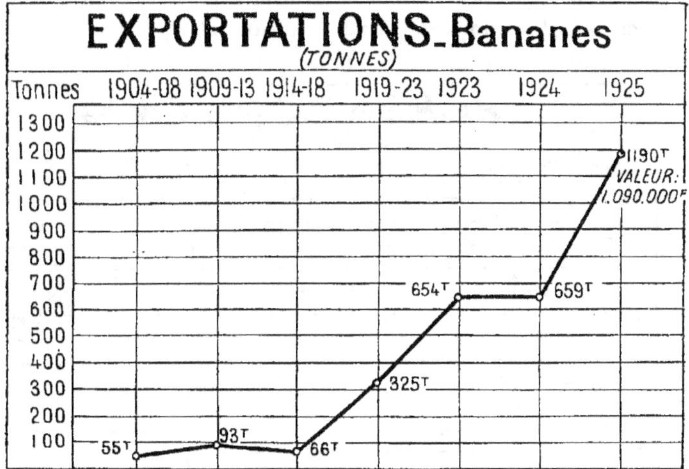

COPAL

Le copal est fourni par un grand arbre de la famille des légumineuses, le copalier, qui existe dans nos colonies de l'Afrique Occidentale, notamment en Guinée française et en Côte d'Ivoire. Les indigènes le récoltent en incisant l'arbre et en recueillant la résine qui suinte des parties incisées.

Le copal fossile est la résine ancienne exsudée et qui forme des dépôts plus ou moins abondants dans le sol à des profondeurs pouvant atteindre un mètre.

En 1925, la Guinée française a exporté 168.873 kilogs de copal, sur les 168.944 kilogs exportés de l'Afrique Occidentale. Cette quantité représente une valeur de près d'un million de francs.

A la sortie, le copal paie un droit de 5% sur une valeur mercurialisée fixée à 576 francs les 100 kilogs brut pour le deuxième semestre 1926.

A l'entrée dans la Métropole, le copal provenant de l'Afrique Occidentale Française est admis en franchise.

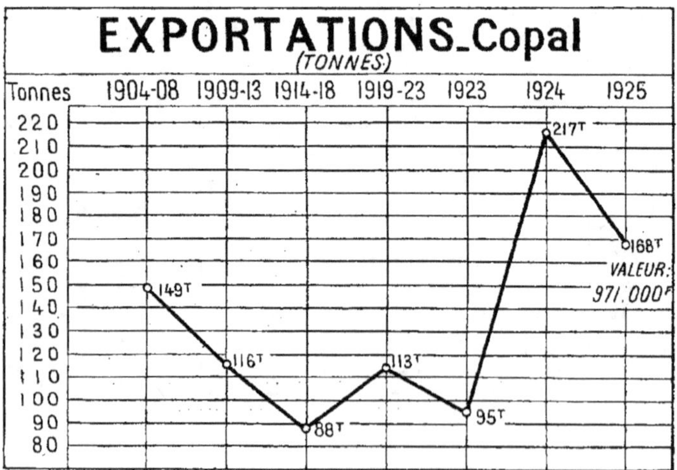

Fig. 29. — Koulikoro (Soudan français). La Station agronomique. Une plantation de sisal.

SISAL

Le sisal est une « agave » originaire de l'Amérique Centrale. Sa fibre est utilisée pour la fabrication de la ficelle, des cordages et de divers ouvrages en sparterie.

Sa culture a été entreprise au Soudan français, dans la région de KAYES.

En 1925, l'Afrique Occidentale Française a exporté 438 tonnes de fibres de sisal, qui vaut actuellement, en France, de 600 à 700 francs les 100 kilogs.

Ce textile est exempt de droit à la sortie de l'Afrique Occidentale Française. De même, celui qui provient de ce groupe de colonies est admis en franchise dans la Métropole.

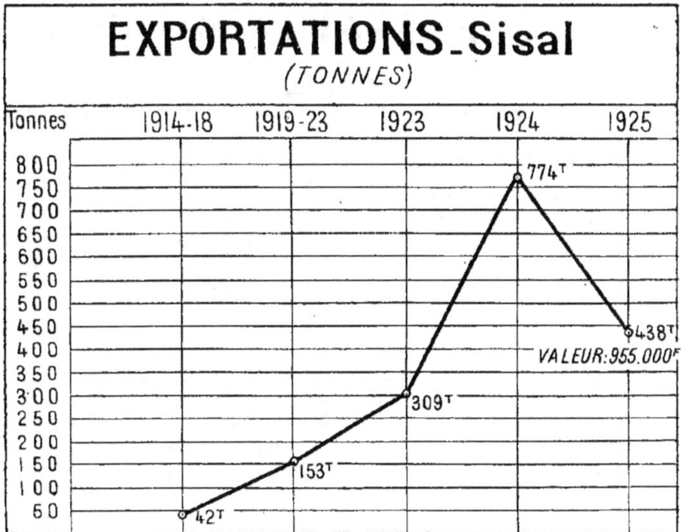

RIZ

La Guinée française est actuellement la seule colonie du groupe de l'Afrique Occidentale qui, par suite de l'effort poursuivi par l'Administration tendant à développer l'emploi des procédés de culture moderne, est susceptible d'exporter du riz en même temps que ses importations de riz étranger diminuent.

En 1925, l'Afrique Occidentale Française a exporté 515 tonnes de riz, représentant une valeur de 671.000 francs.

Le riz est exempt de droit à la sortie de l'Afrique Occidentale Française.

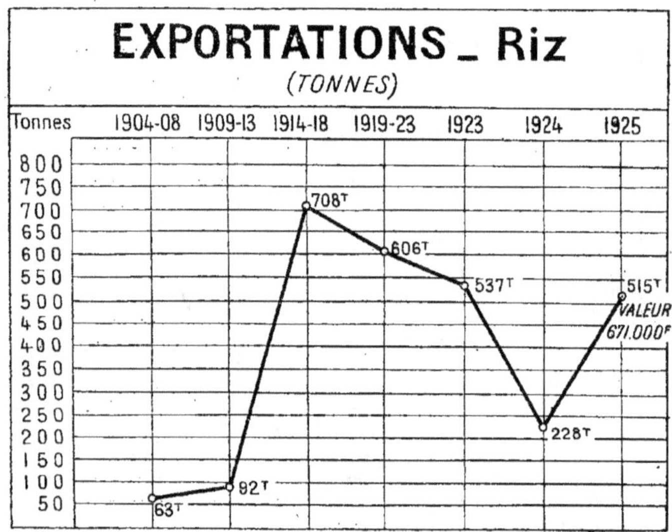

Fig. 30. — Labourage à la charrue (Guinée française).

TABAC

Le tabac est cultivé dans presque toutes les colonies de l'Afrique Occidentale Française et, notamment, en Guinée et au Dahomey.

De nombreux essais sont faits, notamment au Dahomey, pour produire du tabac de bonne qualité courante qui serait acheté par la Régie française.

En 1925, l'Afrique Occidentale Française a exporté 97 tonnes de tabac. Ces quantités ne comprennent pas celles qui, sans sortir de l'Afrique Occidentale Française, sont expédiées d'une colonie du groupe dans une autre.

A la sortie de l'Afrique Occidentale Française, les tabacs sont exempts de droit.

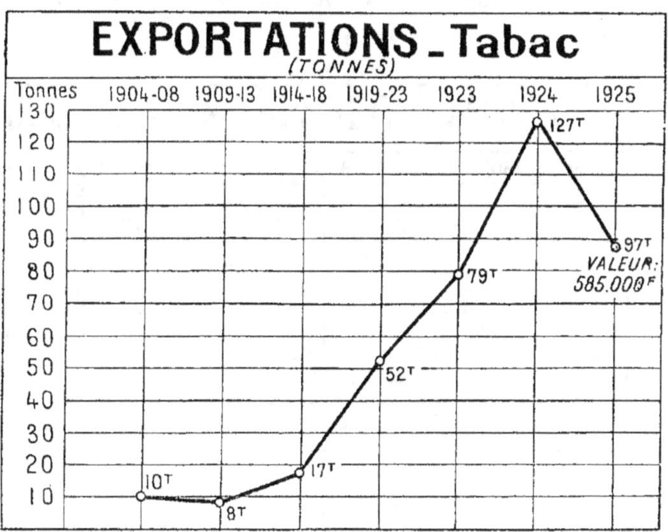

NOIX DE COLA

Les noix de cola sont récoltées en Guinée, Côte d'Ivoire et Dahomey. Ce produit est l'objet d'un trafic très important, évalué à 2.626 tonnes, en 1925, entre les diverses colonies du groupe ; le Sénégal et le Soudan français sont de gros consommateurs de colas.

En Europe, les colas sont utilisées dans des préparations pharmaceutiques et alimentaires.

Pendant l'année 1925, l'Afrique Occidentale Française a exporté 160 tonnes de colas.

A la sortie, ces noix sont frappées d'un droit de 10 francs aux 100 kilogs. Ce droit est affecté d'un coefficient révisible tous les six mois et qui est fixé à 3 pour le deuxième semestre 1926.

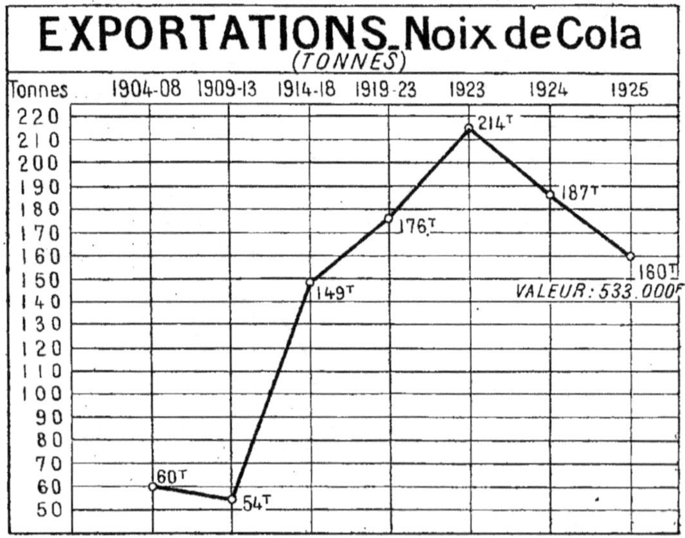

Fig. 31. — Drôme de billes d'acajou descendant à la corde en rivière. (Côte d'Ivoire).

CAFÉ

Le café est cultivé dans les colonies de la Guinée, de la Côte d'Ivoire et du Dahomey. Les variétés cultivées font l'objet d'études dans les jardins d'essais de ces colonies, dans le but de déterminer les meilleures espèces.

En 1925, il est sorti de l'Afrique Occidentale Française 54 tonnes de café ; en 1924, les quantités exportées s'élevaient à 95 tonnes.

Les cafés sont exempts de droits de sortie de l'Afrique Occidentale Française.

A l'entrée dans la Métropole, les cafés de la Côte d'Ivoire et de la Guinée, contingentés annuellement par décret, bénéficient d'une détaxe de 78 francs par 100 kilogs.

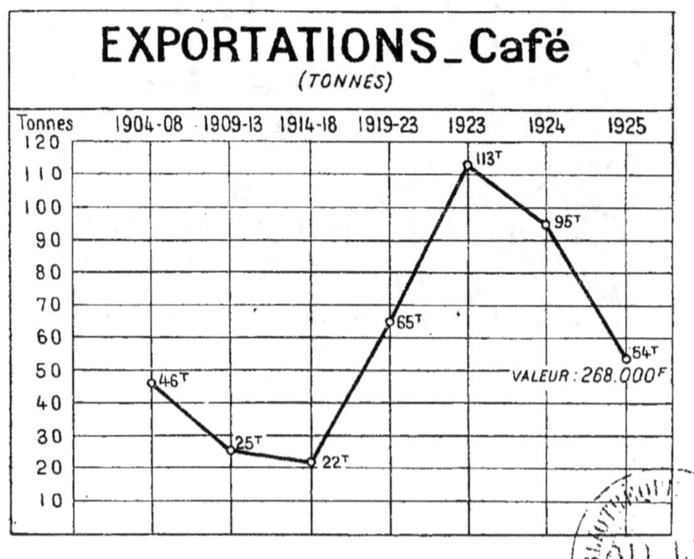

A LA MÊME LIBRAIRIE

OUVRAGES SUR L'AFRIQUE OCCIDENTALE

La Production Cotonnière en A. O. F., par M. ETESSE, ingénieur agronome. In-8° avec planches hors texte et cartes. . . . . **10 fr.**

Le Problème Cotonnier et l'Afrique Occidentale Française (*Une solution nationale*), par Henry BLOUD, avocat à la Cour d'appel de Paris, docteur en droit. In-8°. . . . . . **30 fr.**

Les Insectes nuisibles au Cotonnier en Afrique Occidentale Française, par P. VAYSSIÈRE, ingénieur agronome, et J. MIMEUR, ingénieur d'agronomie coloniale. In-8° avec 20 planches similis hors texte et 2 planches en couleur . . . . **30 fr.**

Le Plateau Central Nigérien *Une mission archéologique et ethnographique au Soudan français*, par le capitaine L. DESPLAGNES ; 236 reprod. phot. et une carte en couleur. In-8° . **30 fr.**

Industries et principales professions des habitants de la région de Tombouctou, par DUPUIS-YACOUBA, agent principal des Affaires indigènes en Afrique Occidentale Française. In-8° illustré . . . . **12 fr.**

La Sélection du Palmier à huile à la Station expérimentale de La Mé, par MM. HOUARD, LAVERGNE et BLONDELEAU. In-8° avec graphiques et dessins. . . . . **25 fr.**

L'Afrique Occidentale dans la Littérature française (*depuis* 1870), par A. ROLAND-LEBEL, docteur ès-lettres. In-8° . . . . . . **30 fr.**

Histoire de la presqu'île du Cap Vert et des Origines de Dakar, par Claude FAURE, archiviste du Gouvernement Général de l'Afrique Occidentale Française. In-8° avec deux cartes. . . . . **15 fr.**

Les Touareg du Sud-Est. — L'Aïr, par le lieutenant JEAN, de l'infanterie coloniale. In-8°, avec reprod. photog. et cartes. . . . . **20 fr.**

Le Noir du Soudan. *Pays Mossi et Gourounsi*, par Louis TAUXIER, administrateur des Colonies. In-8°. **30 fr.**

Le Noir du Yatenga. *Mossis, Nioniossés, Samos, Yarsés, Silmi-Mossis, Peuls.* Etudes soudanaises, par L. TAUXIER. In-8° . . . . **30 fr.**

Nouvelles notes sur le Mossi et le Gourounsi, par L. TAUXIER, 1924. In-8° . . . . **23 fr.**

Le Coton dans la Vallée Moyenne du Niger, par le Dr R.-H. FORBES, chef de la Mission scientifique permanente du Coton. In-8° avec carte et nombreux graphiques . . . . **15 fr.**

État actuel de nos connaissances sur la Géologie de l'Afrique Occidentale, par Henry HUBERT, docteur ès-sciences, administrateur des Colonies : carte géologique au 1/5.000.000. et en couleur, avec notice explicative In-8° . . . . **18 fr.**

Nouvelles Etudes sur la Météorologie de l'Afrique Occidentale Française, par Henry HUBERT, docteur ès-sciences, administrateur en chef des Colonies. In-4° avec de très nombreuses illustrations dans le texte et hors texte. . . . . **35 fr.**

Carte géologique de l'Afrique Occidentale Française, au 1/1.000.000, par Henry HUBERT, docteur ès-sciences, administrateur des Colonies :

Feuille 5. *Dakar* . . . . . **18 fr.**
Feuille 6 *a*, *Bamako*. . . . **18 fr.**
Feuille 7 *a*, *Ouagadougou* . . **18 fr.**
Feuille 10, *Bingerville* . . . **18 fr.**

L'Ouest Africain Français. *Ses ressources agricoles. Son organisation économique*, par Henri COSNIER, ingénieur agronome, sénateur. In-8°, avec reproductions photogr. et cartes . **30 fr.**

La mise en valeur de Sénégal de 1817 à 1854, par Georges HARDY, directeur de l'Enseignement au Maroc, 1921. Ouvrage couronné par l'Académie française. In-8° . . . . **30 fr.**

La Compagnie de Galam au Sénégal (*Une compagnie à privilège au XIXᵉ siècle*), par G. SAULNIER, archiviste-paléographe. In-8° . . **18 fr.**

Les Bambara du Ségou et du Kaarta, *Etude d'une peuplade du Soudan français*, par Charles MONTEIL, ancien administrateur des Colonies. In-8°, avec reprod. photog . . . . **30 fr.**

Commentaires sur la Colonisation, par Robert DOUCET. In-8°. . **15 fr.**

Le Régime Financier des Colonies Françaises (*Décret du* 30 *décembre* 1912), annoté et mis à jour au 31 décembre 1925, par C.-M. MERLY, inspecteur des Colonies. In-8°. . . **25 fr.**

Abrégé de Législation coloniale, par Henri MARIOL, attaché au Ministère des Colonies. In-16 . . . . . **13 fr.**

Rochefort-sur-mer. — Imprimerie A. Thoyon-Thèze. — 2.200-12-26.